中國遼河碑林

刘晓标 主编

文物出版社

顾　　问：苏士澍　　郭兴文　　甄　质　　刘兴泉

主　　编：刘晓标

副主编：王海萍　　崔　陟

编　　辑：刘晓标　　王海萍　　崔　陟　李　姚

摄　　影：房　亮　　孙有志

封面题签：苏士澍

封面设计：周小玮

责任印刷：王少华

责任编辑：李　诤

图书在版编目（CIP）数据

中国辽河碑林 / 刘晓标主编.—北京：文物出版社，
2011.11

　　ISBN 978-7-5010-3313-3

Ⅰ．①中…　Ⅱ．刘…　Ⅲ．①碑林-研究-盘锦市

Ⅳ．①K928.73

中国版本图书馆CIP数据核字（2011）第215467号

中国辽河碑林

主　　编：刘晓标
出版发行：文物出版社
地　　址：北京东直门内北小街2号楼
邮　　编：100007
http://www.wenwu.com
E-mail:web@wenwu.com
经　　销：新华书店
制版印刷：北京君升印刷有限公司
开　　本：1/16
印　　张：12
版　　次：2011年11月第1版　2011年11月第1次印刷
书　　号：ISBN 978-7-5010-3313-3
定　　价：48.00元

大门牌楼

碑林办公区

雪后初晴

冬季古代馆

春季古代馆

古代馆碑刻

馆藏的古碑刻

二门碑廊

当代馆正门

当代馆碑刻

当代馆春景

孔德成题写的"中华第一碑林"匾额

桃红路

碑林落成典礼剪彩仪式。左一程亚军、左二杨仁恺、左三于捷、

左四启功、右一陈其全、右二刘振宦、右三巴殿璞、右四林声

启功先生与杨仁恺先生在碑林落成典礼上会面

刘晓标向启功先生介绍碑林的碑刻

刘兴泉向周巍峙介绍碑林挑选的作品

刘兴泉向郭峰介绍碑林建设情况

刘兴泉同林声看碑林施工质量

刘兴泉、宋文利、王秉宽在碑林看施工进度

启功先生与刘兴泉亲切交谈

刘兴泉向苏士澍介绍碑林的建设情况

苏士澍参观碑林

佟韦、苏士澍为工作人员讲解刻碑注意事项

刘兴泉、郭兴文在探讨碑林建设情况

甄质与郭峰观看碑林

杨仁恺、李素芳、王海萍来到碑林笔会现场

第三届海峡两岸书法艺术研习会开幕式。左一卢骏、左二苏安德、左三刘兴泉、左四刘易甄、左五刘晓标

各位书法家与领导在碑林书法讲座上的合影。右一刘兴泉、右三张虎、右四郭兴文、右五杨仁恺、右六刘振宦、左一徐敬富、左二甄质、左三苏士澍、左四王海萍、左五李素芳、左六佟韦

台湾张双土在第四届研习会上为学员讲解书法技法

刘兴泉、欧阳中石、甄质在书法展上

刘兴泉、刘艺、沈鹏、于捷在第四届电视书法大赛上

刘兴泉、刘振宦、大康在第四届电视书法大赛上

苏士澍陪同冯其庸、杨仁恺参观毛泽东书法艺术馆

苏士澍、刘兴泉、刘德胜、陈悦在观看法书复制品

孙奇、甄质在观看碑刻

郭兴文在修改《辽河碑林序》

目录

碑林熠熠慰炎黄

——《中国辽河碑林》序

郭兴文

　　提到盘锦，就不能不提到辽宁人民的母亲河——辽河。它浩浩荡荡，百转千回，汪洋恣肆，奔流不息，一路行来，跨越河北、内蒙古、吉林、辽宁四省，全长1400余公里。如同一位顶天立地的巨人，运腕调息，饱蘸浓墨，舞动柱地摩天的巨笔，在广阔无垠的中华大地上书写出的一幅凤舞龙飞，气壮山河的书法巨作！笔锋到处，力度劲健，激流湍急，一泻千里，豪放不羁。在辽西的盘锦，正是这幅伟大书法作品收笔的端点，在这里，巨人将笔锋顺势一甩，酣畅的墨势一跃而入烟波浩渺的渤海湾，完成了这一鬼斧神工的旷世杰作。

　　于是，如同世界上著名的大河流域——尼罗河、幼发拉底河、底格里斯河、印度河、恒河、长江、黄河等一样，几千年来，这幅伟大的书法作品——辽河流域孕育出灿烂辉煌的辽河文明，写下了历代先民慷慨激昂的历史篇章。赖天之所赐，盘锦正处于辽河注入渤海的入海口，鲜明而独特的河、海文化精神使这里的地域文化显露出独特的个性和气质。那就是不拘成法，襟怀远大，善于包容，长于创见的建设精神和创新精神。余自幼生长于辽河岸边，饮其水，食其黍，临其流，沐其风，咿呀学语，辛苦向学。于斯河、斯海、斯地、斯民有着充分的了解和浓烈的情感，对其地域文化中慷慨重义，勤奋踏实，长于创见的特点感触尤深。

　　1993年，余尚供职于盘锦。当时的盘锦市委、市政府采纳了一些老领导和有识之士的意见，在辽河油田、辽化的大力支持下，决定从盘锦文化建设发展的长远目标出发，投入人力财力，建一个具有独特艺术风格的中国辽河碑林，用以集纳、展示、传承中华民族独特的书法文化。是年起建，历时六载。刘振宦、甄质、刘兴泉等老同志披挂上阵，再抖丝缰；建设者为之载驰载驱、呕心沥血，终于在1999年10月建成。这是辽宁历史上少有的宏伟文化工程，占地50万平方米，碑刻2000余通，由碑展区、观赏区和游览服务区三部分组成。遥想当年，这一碑林的建成，是当时的辽宁省文化艺术发展中一个极具影响力的事件，它填补了辽宁文化建设中的一项空白，成为辽宁文化整体结构中璀璨夺目的一颗明珠。同时，也是我国目前仅有的不断代碑林。它的影响力之深广令人始料未及，国内诸多学界名流为之瞩目。全国书协副主席苏士澍全程参与策划、实施；启功、杨仁恺等大师级人物多次莅临盘锦，给予亲切的关怀和具体的指导；周巍峙、郭峰、孙奇、林声、王充闾等领导同志也给予了深切的关注；孔子第77代嫡孙，台湾著名学者孔德成为之击节赞叹，并欣然挥毫，题写了"中华第一碑林"的匾额。

落成10余年来，经各级领导的亲切关怀和文化工作者的艰辛努力，碑林的内容不断充实，品目日益丰富，管理渐趋完善。辽河碑林已逐渐发展为辽宁标志性文化景观，展示中华文化精华的重要窗口，爱国主义教育基地，对外文化交流的平台，青少年增长知识的"第二课堂"，人民群众愉悦身心的重要场所。发挥着化人养心，开启灵智的独特作用。辽河碑林的社会效益和价值功能，随着时间的推移，正在愈来愈强劲地显现出来。

即便是单纯的和全国已有的100余家碑林做比较，无论是规模、质量、书法作品的质量和数量，辽河碑林都毫不逊色，而且更加具有当代建设者创造性的结构布局和文化眼光。如碑展区中的毛泽东书法艺术馆、古代馆、近现代馆、当代馆及二门碑廊等，异彩纷呈、各尽其美，令人目不暇接。熔中华民族独有的书法艺术与诗、词、歌、赋、奇文、楹联艺术、石刻艺术、建筑艺术、园林艺术等于一炉，端的是风姿独具，妙意天成，静雅怡人，美轮美奂。

正因为如此，由刘晓标主编，王海萍参加编写的《中国辽河碑林》一书在辽河碑林建成十余年后出版，就有着独特的意义。不难看出，作者对家乡盘锦、对辽河、对渤海、对辽河碑林、对博大精深的中华传统文化都有着深厚的情感，和强烈的社会责任感。其占有资料之丰富，涉猎

学科之广泛，令人赞叹不已。在字里行间，倾注了他们的全部情感。尤其是刘晓标先生有着十余年来一路走来的甘苦自知，有着建设者获得成功后的喜悦和自豪，有着文化工作者强烈的责任感、使命感。作者并没有停留在简单的记叙、介绍、弘扬的层面上，而是像建设辽河碑林一样，把这部讲述、研究辽河碑林的书籍作为一项工程、一项文化历史、书法艺术、考古知识的科研项目来完成。通读书作后可以感知，他们的汗水落地无声，他们的心音骤响如鼓。看着浸透着作者劳形苦神，智慧才情的煌煌十几万言，余为之不胜欣喜，不胜嘘唏。

　　余自幼喜爱书法艺术，亦曾倾力揣摩之，研习之，但限于才力，以半生之年，亦不能初窥堂奥。而透过这本书，余竟有心神一朗，茅塞顿开之感。令余喜不自禁的还不只是它对辽河碑林的描述；因为这些，对于一个土生土长的盘锦人而言并不陌生。真正令余爱不释卷，必欲一览全篇一穷究竟的，是书作对考古发现之中古代书法艺术的研究。世人尽知古陶文、甲骨文、后母戊大鼎，马王堆等重大考古发现之珍贵，然而对这些考古发现中国传统书法艺术发展演变的研究，所知者无多。作者不但细致入微地介绍了我国一系列重大考古发现，而且以独特的视角，对这些重大发现中的文字——书法艺术发展演化的历程进行了鞭辟近里的研究与解析，读来令人心旷神怡，为之一振，方知原来中华文字的发展流变，书法艺术的演化变化，有着那样蕴藉幽深的文化内涵和历史积累。由此可以佐证，辽河碑林虽然历史不长，但其承载的历史文化内涵则必然是丰厚的、深刻的；其历史价值也必然是深刻久远的。梁启超曾说："美术，世界所公认的为图画、雕刻、建筑三种，中国于这三种之外，还有一种就是写字。……以写字作为美术看待，可以说绝对没有。因为所用工具不同，用毛笔可以讲美术，用钢笔、铅笔只能讲便利。中国写字有特别的工具，就成为特别的美术。"（《饮冰室文集》）因此说，中国书法是文化，也是艺术，而且是中华民族独有的文化遗产，其中包含着崇高的人类精神和丰富厚重的人文意识。认真地研究它，努力的传承它，大力的弘扬它，是当代文化艺术工作者神圣的历史责任。

书作中另一令人感喟之处是辽河碑林兼容并蓄的博大胸襟和揽星摘月的雍容气度。在建设之初，就得到了启功等文化名家的鼎力支持。建成之后，更是博采中华文化之精华，广览博收，"天下英雄尽入吾彀"，终使辽河碑林如万里长空，星拥月朗，漫天虹霓。且不说王羲之、李白、宋徽宗、陆游、唐寅乃至颜柳欧赵、苏黄米蔡等历代骚人墨客的作品；也不说毛泽东、周恩来、邓小平、刘少奇、朱德等老一辈无产阶级革命家的作品；还不说孙中山、吴昌硕、康有为、鲁迅、郭沫若、于右任等近代文化达人的作品；仅就当代中国文化而言，这个馆的魅力就足以令人仰视。近现代馆的匾额由国学大师季羡林题写。当代馆还有舒同、启功、赵朴初、臧克家、沈鹏、杨仁恺、刘炳森、李铎、佟韦、苏士澍等名家的作品，当真是星光灿烂，傲视乾坤。我国著名美学家王朝闻曾形象地把文化艺术比喻做"开心钥匙"，极言最优秀的文化艺术对社会生活和人民群众潜移默化的开启心智、培育精神、涵养性情的独特作用。而最优秀的文化艺术，往往存在于一个国家一个民族代表性的文化大家之手，收录了他们的作品，就拥有了不同凡响的地位和实力，就可以对本地区的广大观众实施积极、正面的社会影响，就可以与全国最优秀的同类文化机构平等对话，就可以极大地提高本地区文化的软实力。盘锦作为辽宁一个新兴城市，历史不能算悠久，文化积累不能算丰厚，知名度不能算突出。与全国甚至本省历史文化传统丰厚的地区相比，形不足以与诸名城争其耀，名不足以与众名胜争其响，何以竟能得到众名家的青睐，将自己的作品满心欢喜地送到这里留存于后世？大概就是缘于这里的人对事业、对文化那一颗金石可镂的纯净之心。尤其是辽宁省博物馆将所藏辽、金、明、清、巨型石碑20余通存放于辽河碑林异地保存，更显示出全省文化整体构建中省、市协作的文化意识。对上述名家、名品的记录和研究，正是本书的一大特色，显示出辽河儿女对文化的执着追求，对未来的无限向往。借助文化大家们的文化理念，精神追求，艺术传统，传承久之，必然会积淀为新的传统，从而为本地区的文化发展奠定坚实的基础。也许，这正是这本书更为深刻、更为影响深远的建设性所在。

中华民族正处于和平崛起的历史过程中，随着经济建设高潮的到来，文化建设的高潮已经到来。一个走向未来的伟大民族，最根本的崛起是文化的崛起，精神的崛起，思想的崛起。因而，全民族都要把文化建设放在重要地位。盘锦市委、市政府，盘锦人民通过辽河碑林的建设向世人展示了他们的眼光、胸襟和抱负。辽河碑林的文化工作者们在辽宁文化建设中恪尽职守，身体力行，尽到了自己的责任，收获了丰硕的果实，这是让人无比欣慰的大好事。

谨以小诗做结：

煌煌一脉墨生香，虎卧龙腾竞琳琅。

契史集珍千载业，碑林熠熠慰炎黄。

是为序。

（郭兴文：曾任盘锦市委副书记，辽宁省委宣传部副部长，辽宁省文化厅厅长、党组书记。现任辽宁省文联主席。）

辽河碑林记

在辽河三角洲腹地、辽宁省盘锦市双台子区湖滨公园西侧矗立着一片挑檐、琉璃瓦大屋顶、廊式的仿古建筑群，它就是独具特色的、唯一不断代的中国辽河碑林。

辽河碑林始建于1993年，历时六年，于1999年建成。占地50万平方米。由碑展区、观赏区和游览服务区三部分组成。碑展区包括古代馆、近现代馆、当代馆、毛泽东书法艺术馆、二门碑廊。

辽河碑林镌刻了上启新石器时代陶文符号，下至当代名家法书精品的碑石2000余块。

古代馆选刻了从先秦到1840年鸦片战争以前历代名家名帖200余件。其中百余件为首刻上石。有传世最早的真迹陆机《平复帖》，书圣王羲之的"天下第一行书"《兰亭序》，有颜真卿的墨迹《祭侄文稿》，有海内外仅存一本的智永《真草千字文》，有大诗人李白的《上阳台帖》，有宋徽宗赵佶的《大草千字文》，有陆游的《自书诗》，有唐寅的《落花诗册》等等，数不胜数，件件至宝。

近现代馆选刻了从鸦片战争到新中国成立后的书法大家精品近300件。有吴昌硕、康有为等大师的精品力作，有中国文豪鲁迅先生的"无情未必真豪杰……"，有郭沫若的《满江红·领袖颂》、于右任书写文天祥的《正气歌》，有革命先驱孙中山题词"四方风动"，此外，还有沈尹默、林散之、沙孟海等书法大家的作品，字字珠玉，无不散发着民族情结和时代气息。

当代馆选刻了新中国成立60年来书法大家的墨迹300余件。启功、舒同、赵朴初、沈鹏、杨仁恺、刘炳森、李铎、佟韦、苏士澍等名家名品，群英荟萃，各种书体遥相呼应。最具魅力的当属启功的《论书绝句百首》，笔法娴熟清秀，文词雅逸动人。

毛泽东书法艺术馆选刻了毛泽东数十年书法作品28件。其中诗词手稿10件，件件风流倜傥，大气磅礴。还有老一辈无产阶级革命家周恩来、刘少奇、朱德、陈云等墨迹若干件，也让人肃然起敬。

走进辽河碑林如同走进一座汇集古今书法于一体的大型艺术殿堂。殷商的古朴，秦汉的富丽，魏晋的神韵，隋唐的潇洒，宋元的风雅，明清的秀丽，现当代的新颖流变，扑面而来，让你留连忘返。

2006年，一批国家级文物辽金大昊天寺妙行大师行状碑、满清圣人达海墓碑及清代皇帝御制碑等从辽宁博物馆调至辽河碑林，使其更增添几分古朴与厚重。

始建于世纪之交的中国辽河碑林，规模之大，品位之高，艺术性之强，意义之深远，为世人所赞许。它掀开了新中国成立以来地域文化史崭新的一页。

辽河碑林受到国内外专家、书法大师们的高度赞赏和好评。书坛巨匠、原中国书法家协会名誉主席启功先生说："辽河碑林的建成是书法界向建国五十周年最大的献礼项目，意义重大，影响深远，价值无法估量。"著名文物鉴赏家杨仁恺先生说："辽河碑林内涵丰富、特点突出、不断代、品位高，有着重要历史地位。对今人，对后人有着深远的影响，对文化传承，对书法艺术发扬光大有着重要意义。"中国书法家协会副主席佟韦说："辽河碑林是一座崭新的书法艺术馆，是中国唯一不断代的碑林，走进辽河碑林可以重温书法历史和中国文字发展史。"

孔子第77代嫡传——台湾著名学者孔德成先生高度赞赏辽河碑林，挥笔为辽河碑林书写匾额《中华第一碑林》。

辽河碑林在盘锦建成，既有历史渊源也有现实情由。辽河碑林所在地盘锦，不但有深厚的文化底蕴，又是迅猛发展起来的沿海城市。深厚的历史根基和浓郁的现实情结是它应运而生的必然结果。

一、盘锦文化底蕴与母亲河——辽河

历史向人们昭示:凡大河流域都是古人类文明的发祥地。悠久的尼罗河造就了灿烂的古埃及文明;美丽的幼发拉底河和底格里斯河并流新月地带,孕育了古巴比伦文化;曲曲弯弯的印度河和恒河产生了古印度文明和佛教。

全长1400多公里、汹涌澎湃的我国第七大河流——辽河,流经河北、内蒙古、吉林、辽宁四省、区,于盘锦市注入渤海。它和中国母亲河黄河造就华夏文明一样,古往今来,积淀、塑造了悠久独特的辽河文明和盘锦文化。

1983年省、市、县三级文物普查队发现盘锦(当时的盘山县)境内不同年代遗址197处。其中,新石器时代遗址7处,文物有生产工具石斧(细石器)、生活用具陶器;商、周时代遗址7处,文物有石网坠、鼓腹罐(残片);战国、汉代遗址13处,文物有大型纹饰红陶(残片)、灰沙陶(残片),建筑材料绳纹砖、瓦;辽、金、元时代遗址57处,文物更加丰富,新颖多样。其中,瓷器以白釉铁锈花图案为多。还发现一方刻有契丹文的辽代铜印;明、清遗址100余处,遍布全境,文化层最厚达两米多深。文物有砖、瓦、陶、瓷,式样繁多。另外,发现明代城址3处,烽火台旧址31处,古碑3通。

事实证明,远在母系氏族公社晚期或父系氏族公社初期(距今约5000～6000年)先民们就来到了辽河入海口的腹地——盘锦。世世代代在这里繁衍生息,渔樵耕猎,过着"棒打獐子瓢舀鱼,螃蟹爬在饭锅里"的生活,点燃了文明的火种。

唐、虞时期本境分属冀、幽二州;夏、商时属冀州;周时属幽州;秦时属辽西郡;汉时前属临屯,后属辽东;三国、晋时属辽西郡;南北朝时属营州望平县;隋时属高句丽;唐、五代、后唐时属营州;明、清则分属广宁和锦州。

1906年(光绪三十二年)设治。置盘山厅。治所在盘蛇驿,辖12区;1907年新民厅辖沙岭镇所属63屯划归盘山厅,设4个区。

1913年(民国二年)改盘山厅为盘山县,先后属奉天省、辽西省、辽宁省。

　　母亲河——辽河孕育了盘锦，也给盘锦带来了灾难。旧社会历朝历代统治者，视人民为草芥，视盘锦为"不毛之地"，"九河下稍，十年九涝"，任水患泛滥，照收苛捐杂税，人民忍饥挨饿，艰难度日。

二、飞速发展的盘锦

　　数千年来，盘锦人民在这片古老神奇的土地上，与大自然搏击，与统治阶级抗争，社会不断发展进步。特别是新中国成立后，盘锦迎来了美好的春天。20世纪50年代，在党和人民政府领导下，境内大小21条河流基本得到根治，变水患为水利；60年代盘山县与大洼农垦局合并，成立省辖盘锦垦区；70年代改盘锦垦区为盘锦地区。1975年盘锦并入营口市，1984年又从营口分出来，成立盘锦市。

　　半个多世纪以来，盘锦由原来的低洼"不毛之地"，发展成为盛产水稻和石油化工为主导产品的新型沿海城市。改革开放的历史机遇，又把它推到了辽宁沿海经济带重要战略地位。特别是20世纪70年代，中国第三大油田——辽河油田的开发建设，为盘锦的快速发展插上了腾飞的翅膀。勤劳睿智的盘锦人在这片4000多平方公里的土地上大展宏图，使盘锦焕发出勃勃生机。早在20世纪80年代就形成富产油田、高产稻田、特产苇田三田合一的独特的经济区域。辽河油田每年平均开采原油1200万吨，仅次于大庆和胜利，为中国第三大油田。辽河油田的开发建设带动了盘锦石油化工行业、石油装备制造业、船舶制造业等多项工业门类的迅猛发展。

　　20世纪70年代盘锦已成为辽宁省重点商品粮基地。耕种的120万亩水田，每年为国家提供商品粮大米近百万吨，商品贡献率达73%，名列全国农垦系统前茅。盘锦大米晶莹剔透，品质极佳，畅销国内外市场，受到赞誉。近年又以极高的声誉获得中国驰名商标。2008年成为北京奥运会食用米。

　　盘锦拥有苇田120万亩，每年为国家提供优质造纸原料——大苇50万吨。规模之大，产量之高，在亚洲堪称第一，在世界上仅次于欧洲罗马尼亚多瑙河三角洲的苇田。

盘锦有118公里海岸线，300万亩浅海水域，60万亩滩涂，鱼虾、贝、藻种类繁多。其扇贝、竹蛏、牡蛎、蚬子等蕴藏量数十万吨以上，其中二界沟产的文蛤被乾隆誉为"天下第一鲜"。销往全国各地，并出口到日本、韩国、新加坡等地。

闻名海内外的盘锦中华绒螯河蟹，由野生发展到坑泡放养，到稻田养殖。已形成大规模立体化经济。到2008年养殖面积达138万亩，产量达36000吨，销往全国各地，还出口到日本、韩国、新加坡、美国等地。

盘锦独特的景观——红海滩，近年已成为辽宁旅游业的一大奇景。

到2010年末，盘锦国民生产总值已达到900亿元，人均国民生产总值近7万元。城镇居民人均可支配收入达到20700元，农民人均纯收入9700元。成为资源型可持续发展的名城。

三、辽河碑林的兴建

经济突飞猛进的发展，为文化事业的发展提供了强大的支撑。

经济发展了，富了，人民群众生活水平提高了。要不要、舍不舍得搞文化建设，搞什么样的文化建设，主要要看领导者的文化理念和思维导向。

时任辽宁省副省长林声同志看准时机，因势利导，提议能否在省内某地建一处碑林，得到盘锦市的积极回应。

1988年，市委、市政府在全力加强经济建设的同时，本着精神文明与物质文明同步协调发展的原则，作出了发展地域文化事业的总体规划。碑林建设就是其中的组成部分。

建碑林是一项保护和延续民族文化遗产的壮举。也是经济大发展之后，文化事业大发展的必然要求。是功在当代、利在千秋的伟大事业。然而要建一座大型碑林，工程量之大，耗资之多，这在全省乃至全国还没有先例。当时从倡议一开始，就有不同的意见。多数人认为这是一件大好事，应当办，也有条件办；但同时也有人有非议，认为这是书法家和书法爱好者的事，人民大众不懂，是摆设，是"祸害"市里钱。

这项工程得到省市新老领导的关心与支持，特别是省委主抓意识形态的领导王充闾同志的支持。也得到省市有关部门，特别是省市财政部门的大力支持。省财政拿出部分资金予以扶持。市财政决定由建委列支，从城市维修费中挤出3000万元。同时也得到社会各方面的大力支持。其中，首推辽河油田、辽河化肥厂、盘锦乙烯厂几家大企业以及兴隆区，几家共捐资1300多万元，资金基本得到解决。

1993年市委决定成立辽河碑林建设指挥部。由市委副书记甄质任建设指挥部总指挥，市建委主任刘兴泉任常务副总指挥。

碑林于1993年动工着手兴建。历时六年，于1999年主体工程竣工。

碑林建设过程中，曾遇到过许多困难，市里不少领导同志出面帮助解决。市长巴殿璞同志在各项准备工作完成后及时拍板立项；市人大主任刘振宦同志不断为碑林建设排忧解难；碑林建设出现争议时出面做工作；资金出现缺口时出面请有关单位支援。立项前后，市委副书记、建设指挥部总指挥甄质同志奔走呼号，积极筹措；建设指挥部常务副总指挥刘兴泉同志在多年建设过程中全心全意，尽心竭力，自始至终，恪尽职守。

建设中的辽河碑林

古人云："天下事，因循则无一可为，奋然为之，亦未必难。"就是在这种争议之下，倡导者、建设者奋然而为之，终于完成了这一伟大事业。那些持不同意见的人，在雄伟的仿古建筑群——辽河碑林勃然耸立起来之后，也改变了看法，由摇头变成点头，由反对变成赞扬。当年10月26日由中央电视台、中国书法家协会、中央国家机关分会、文物出版社、盘锦市人民政府在辽河碑林共同举办全国第四届书法篆刻电视大赛及中国辽河碑林落成典礼开幕式，中外著名书法家及省、市领导云集盘锦共同庆祝书法艺术界这一盛事。

四、 辽河碑林的地位与特点

走进辽河碑林，如同翻开一部中国文字发展史，一部中国书法艺术史。你可以在这座艺术殿堂里探究这门独特的东方艺术的发展演变规律，感受蕴于线条中的节奏、韵律，以及超乎形式之外的意境之美。

1.唯一不断代的碑林

辽河碑林林林总总的刻石，上起先秦下至当代，历时上下五千年，总计2000余通。书法艺术代代相传，无一遗漏，是中国唯一不断代的碑林。被台湾学者、孔子第77代嫡传孔德成先生誉为"中华第一碑林"。

2.设计独特的碑林

碑林指挥部聘请辽宁省城乡规划设计院承担总体规划，北京园林设计研究院承担单体工程设计。他们突破传统设计模式，大胆创新，确立融汇古今为一体的独特的建筑风格。古今结合，以古为主；南北结合，以北为主；中外结合，以中为主。使碑林既有古代的典雅又融入现代的明快；既有欧美的神韵，又有中国的古朴；既有江南的玲珑剔透，又有北国的伟岸恢弘。形成以碑林为主旨，在突出书法艺术的前提下将书法艺术与园林艺术、石刻艺术、建筑艺术融为一体，烘托出热烈的书法艺术气氛，又具典雅的古建筑风格。以碑点园，以园托碑，碑林与园林辉映成趣。使碑林成为有着丰富文化内涵的艺术大观园，成为集观赏、游玩、休闲为一体的

建设中的辽河碑林

辽河之滨北国乐园。

正门牌楼采用美国唐人街牌楼、北京十三陵牌楼、雍和宫牌楼三者之精华，建筑跨度20米、高9米、五洞六柱十一楼，各展馆和景观全部采用仿古建筑。雕梁画栋，金碧辉煌。

3.精品荟萃的碑林

辽河碑林建馆总的指导思想是高标准、高质量，建一座全国最好最大的碑林。选作品坚持质量第一、艺术第一的原则，优中选优，精而又精，必须是历代名家顶峰时期的名作。如果某人的作品达到刻石标准，上至达官贵人，下至平民百姓，都能入选；相反，书法造诣不深，即使是帝王将相也不能摹勒刻石。

为了严把作品质量关，碑林建设指挥部聘请书坛巨匠启功先生为艺术总顾问，著名文物鉴赏家杨仁恺、中国书法家协会副主席佟韦、文物出版社社长苏士澍为艺术顾问。中国书法家协会名誉主席启功先生年老、体弱、多病，十几年没离开过北京。这次在有关人员陪同下，毅然前来盘锦参与建设碑林艺术指导；文物出版社社长苏士澍同志工作十分繁忙，利用闲暇时间多次亲临碑林建设工地，一个馆一个馆地安排、布置、拣选书法作品，确保入选的全部是精品。另外，还聘请省市老领导郭峰、孙奇、王充闾、林声、刘振宦等为名誉顾问。中华五千年的历史，书法艺术博大精深，书法大家的优秀作品浩如烟海，多收藏在国家和省级文博部门，有的也散佚在国外。必须走出去，广泛收集。碑林建设者先后从北京故宫博物院、辽宁、上海、南京、西安等博物馆和日本等海外各地，收集到法书精品2400多件。经过反复比较、筛选，最后刻石2000余块，总刻石面积达16433平方米。

原文化部代部长、中国文联主席周巍峙在北京中日韩书法界三巨头笔会上，听说建辽河碑林，非常担心。对辽河碑林建设指挥部常务副总指挥刘兴泉说："听说你们建碑林？全国有100多处碑林。市长、县长、乡长的字都刻石入选，乱套了，纯粹糟蹋文化。"刘兴泉解释说："我们的碑林作品都是历代书法名家精品，我们不搞名人书法。"当在场的中国书法家协会副主席佟韦出面证实这一说法时，周部长非常感慨，激动地说："如果真是这样，我向你们致敬！"碑林建成后，周部长还专门过问过，

镶碑过程

听说建设好，非常高兴。并准备亲自前来参观，可惜种种原因未能成行。

在选择作品过程中，指挥部和顾问组严把质量关，反复筛选，一丝不苟，保证了历代书法家的精品入选。

听说建碑林，省市一些书法爱好者，包括有的省市领导也想把自己的作品选进去。有一位领导，写了一幅字，找到指挥部想入选他的"佳作"。指挥部和顾问组经过鉴别和比较，认为他的作品虽然不错，但还不算精品，不能入选。这位领导一看真不够条件，不好意思地说："留个纪念吧！"扔下就走了。还有省内某市一位中层领导听说他父亲的字被选中，高兴地特意驱车前来打探。最后得知他父亲的字虽然初选入选了，但到刻石时还是落选了，伤心地回去了。

有的市里领导提出：能不能搞一个地方馆？军界人士提出：能不能搞一个军人馆？都被指挥部和顾问组婉言谢绝了。如果辽河碑林同意搞什么地方馆、军人馆，那可真的像周部长说的那样"糟蹋文化"了。

在选择石材和刻工队伍上，碑林建设者以对人民负责，对历史负责的精神，走遍全国各大石场和雕刻厂搞调查研究，经过反复比较，最后石料选定河北阜平"中国一号"黑花岗岩。厂家选定雕刻之乡——河北省曲阳县的留营达美雕刻厂和羊平特艺雕刻厂。这两家雕刻厂均有几百年的刻石历史，有优秀的雕刻人才，经验丰富，技艺超群。另外，为了造型精美，请大连、朝阳两家古建园林公司采用"照壁嵌碑"工艺使石刻更加光彩照人。

在选石料上，由于没有经验，不懂石性，曾走过一段弯路。最先镌刻的当代馆用的是大理石。这种石料，石质不错，看上去很美观，光洁度、色泽都很好，但硬度不够。发现之后，工程停下来，指挥部与顾问组反复商量。觉得这是造福子孙的千年大计，万年大计。是今人献给未来的礼物，是流芳万代的工程。质量不能出半点差错，一定要推倒重来。这样虽然浪费点石料和资金，但可以保证整个碑林的质量，永远不后悔，不留遗憾。最后经过停工、整顿，不但当代馆推倒重建，整个碑林全部采用阜平"中国一号"黑花岗岩。使碑林成为质量最好，光彩夺目，熠熠生辉的"万年牢"。

4.园林化的碑林

辽河碑林从大环境看，位于辽河三角洲的腹地。有"湿地之都"和"鸟类天堂"美誉的盘锦市总面积4071平方公里。其中湿地占3149平方公里。距碑林不远的双台子河口（即辽河入海口）系国家级自然保护区，不仅有举世罕见的数万亩天然芦苇荡，在这片湿地上还栖息着鸟类、水禽类达260多种。是鹭类、雁鸭类、鹤类、鹬类的重要繁殖地与迁徙驿站。每年经此迁徙、停歇的候鸟多达千万只以上。其中国家一级鸟类有丹顶鹤、白鹳、白鹤、黑鹳，二级的有黑嘴鸥、白枕鹤、灰鹤、大天鹅、白尾鹬等31种。具有观赏价值的鸟类达百种之多。从初春到深秋，成千上万的鸟群在碑林上空盘旋经过，在辽河入海口、湿地、芦苇荡停歇嬉戏，形成一道靓丽的景观。从局部环境看，辽河碑林位于盘锦市双台子区西郊，一面与湖滨公园毗邻，三面被碧波荡漾的湖水簇拥。蓝天碧水，满目苍翠，百花争妍，风光秀美。是我国面积最大的碑林，也是周边环境最别致的碑林。

辽河碑林所在地原来的土质贫瘠，盐碱化严重，花草树木不生，只长碱蓬菜。为了营造一个既有文化观赏价值，又有绿色幽静环境，碑林建设者，以科学的态度，勤奋的精神，硬是让"咸菜缸"里开出鲜艳的花朵。

栽植松树

多年来通过搞地下泾流、改良土壤，合理栽种和科学管理，已完成绿化面积近40万平方米，占应绿化面积的95%以上。共栽种树木上百个品种、数万株，其中不少是珍贵的树种。

辽河碑林建于世纪之交，是共和国最年轻的碑林。它的总体规划布局合理，关系协调，艺术形象辉煌壮观。无不散发着浓郁的民族情和时代气息。反映出中华民族不断开拓进取的精神风貌和非凡的创造力。成为全国唯一不断代的碑林，第一个镌刻文字符号的碑林，第一个建立当代馆的碑林，第一个镌刻开国领袖毛泽东诗词书法艺术的碑林，第一个镌刻历史上正反两方面人物书法艺术的碑林。

辽河碑林建设者高瞻远瞩，博采众长，打破常规，以超前的意识，把传统的石刻艺术与园林艺术熔为一炉，让深藏于庙堂中的石刻艺术、书法艺术走出来，以园林的形式，赫然耸立在辽河之滨，与广大人民群众见面，使本属于人民大众的文化艺术，回到人民群众当中，实现了文化价值的回归。代表了先进文化的前进方向，也体现了为广大人民群众服务的文化导向。

辽河碑林从建成到现在已经走过十几个年头。十多年来接待参观、学习者30多万人次，受到各方面人士的爱戴与好评。它已成为中华民族灿烂文化的一个窗口，一块特殊的爱国主义教育阵地，正在发挥其教育人、陶冶人的情操的作用。伴随着辽宁沿海经济带战略地位的提升，伴随着新世纪对文化资源的开发与研讨，碑林必将以"辽河文明"的崭新姿态，以其博大、粗犷、兼容而成为长城内外中国北方文明的摇篮。

——刘兴泉　陆江

辽河碑林赏析

中华第一碑林——辽河碑林

坐落于盘锦市双台子湖滨公园西端的中国辽河碑林，占地近50万平方米，这里有上启新石器时代的陶文刻符，下至当代名家的法书精品，总计有碑刻2000余通，历经五千年的悠久历史。自它建成后，前来的参观者都说："看古代碑林到西安，看现代碑林到河南，看唯一不断代的碑林到盘锦。"原中国书法家协会主席、著名学者、书坛巨匠启功先生不仅为碑林亲笔题写"中国辽河碑林"，还亲自到盘锦为辽河碑林剪彩，这是他一

启功题中国辽河碑林

生中最后一次离开北京。孔子第77代嫡传——台湾著名学者孔德成先生欣然命笔，题为"中华第一碑林"。

辽河碑林由碑展区、游览观赏区和游览服务区三部分组成，其中碑展区包括毛泽东书法艺术馆、古代馆、近现代馆、当代馆及二门碑廊。碑林在突出书法艺术的前提下，力求将我国的书法艺术与园林艺术、石刻艺

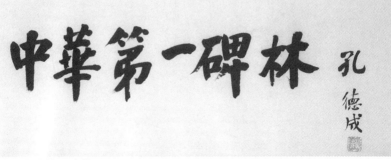

孔德成题中华第一碑林

术、建筑艺术及诗、词、歌、赋、奇文、趣联艺术融为一体，"以碑点园，以园托碑"。

　　走进辽河碑林，如同走进了一座集古今书法艺术于一体的宝库，首先映入眼帘的是宏伟壮观的正门牌楼，金黄琉璃、雕花脊梁、祥龙腾云、威武石狮，启功先生所书的"中国辽河碑林"匾额，更是格外的醒目和耀眼；走进辽河碑林，您可漫步寻味中国五千年历史中的遗文和墨迹。有殷商的古朴、秦汉的富丽、魏晋的神韵、隋唐的潇洒、宋元的风韵、明清的秀丽，令人流连忘返；走进辽河碑林，您可徜徉在绵延的回廊中，这里镌刻有距今约6000年的陶文符号，距今约5000年的图像文字，距今约3000年的甲骨文、金文，距今约2000年的汉隶，还有传世最早的墨迹本陆机《平复帖》，海内外仅存的智永《千字文》，大诗人李白传世的唯一墨迹《上阳台帖》，宋徽宗赵佶的《大草千字文》……人们不禁为历代书法艺术家的艺术造诣所倾倒。静观王羲之的妍美流变，张旭的豪放不羁，颜真卿的庄重森严，赵孟頫的清秀端丽，启功的中正清朗，毛泽东的大气磅礴……真可谓各领风骚，争芳斗妍。

　　毛泽东书法艺术馆位于碑林最里端，一侧为松柏苍翠，一侧为清水涟漪。主席的汉白玉雕像面向东方，神态安详，栩栩如生。馆内镌刻着主席的诗词手稿10件以及他书写的古诗词18件。如《沁园春·雪》、《满江

毛泽东书法艺术馆主席像

红·和郭沫若同志》及古诗《将进酒》等行书、草书杰作，处处体现出伟大领袖的风度和气魄。此外，馆内还有周恩来、邓小平、刘少奇、朱德等老一辈革命家的墨迹15件，令人肃然起敬，叹赏不绝。

古代馆的匾额由杨仁恺先生题写。馆内收藏了历代名家书法精品202件。其中有百余件墨迹首次选刻上石，如李白《上阳台帖》、苏东坡《黄州寒食帖》、宋徽宗《大草千字文》、陆游《自书诗》、赵孟頫《归去来辞》、唐寅《落花诗册》等。

近现代馆的匾额由国学大师季羡林先生题写。馆内有革命先驱孙中山书写的"四方风动"；有我国现代文学巨匠鲁迅的自作诗词；有新中国文艺界领袖郭沫若书写的长卷《满江红·领袖颂》，还有国民党元老于右任书写文天祥的《正气歌》等。此外，还有吴昌硕、康有为、林散之、沙孟海等书法大家的作品林林总总，令人目不暇接。

当代馆的匾额由著名书法家沈鹏先生题写。馆内作品群英荟萃，各种书体一应俱全。而其中最具魅力者首推中国当代著名教育家、古典文献学家、书画家、文物鉴定家、红学家、诗人、国学大师启功先生的《论书绝句百首》，娴熟的笔法，清朗俊秀；发人深省的诗文，谈古喻今。此外，还有舒同、赵朴初、臧克家、杨仁恺、刘炳森、李铎、佟韦、苏士澍等名家作品。

二门碑廊

二门碑廊镌刻了历代书法巨匠的力作精品。王羲之的"飘若浮云，矫如游龙"的韵律与启功先生的"中正清朗，气定神闲"的风骨相互映衬。可谓满壁纵横，别有意境。

辽河碑林是全国占地面积最大的碑林，也是全国唯一不断代的碑林。碑林管理处坚持注重发挥碑林的存世、传史功能，一方面广泛收集盘锦及周边地区现存古碑刻的信息，为将来收藏奠定基础；另一方面尽可能增加馆内的古碑刻，提高碑林的传世价值。经多方努力协调、沟通，经省文化厅批准、省博物馆同意，由碑林管理处异地保管辽宁省博物馆所收藏的包括辽、金、明、清的巨型石碑20余通。2006年9月，这批珍贵的国家级文物（古碑）由辽宁省博物馆运至辽河碑林保存。

古碑刻

这批文物是由辽宁省博物馆经过数十年、几代人的艰苦努力才征集到的，来之不易。最早的有辽代著名佛学大师、大昊天寺妙行大师萧志智行状碑，清朝开国时期著名大学者、满文创始人达海墓碑，有盛京钟楼碑，有清诰封光禄大夫阿什布碑，还有几块是清朝皇帝的御制碑，每一块都是价值连城。这些古石碑凝聚着悠久的历史、灿烂的文化，从不同的角度反映了当时社会的政治、经济、文化等情况，具有很高的研究价值。此项举动改变了碑林只有新刻碑，没有古碑刻的现状，丰富了辽河碑林的馆藏，从而也推动了盘锦市的文物保护及盘锦市文化事业的发展。

中国辽河碑林是一座具有丰富文化内涵的艺术大观园，它反映出中华民族的悠久历史和灿烂文化。是我国几千年文化的延续，是取之不尽的文化宝库，是用之不竭的艺术源泉。让我们于恬静中汲取古代书法艺术的精华，在游览中领略五千年文化积淀的厚重。

近年来，辽河碑林对盘锦的文化事业和旅游事业的发展起到了积极地推动作用，取得了明显的社会效益，是我市为数不多的人文历史景观资源之一。2002年5月，碑林管理处被盘锦市委宣传部授予"盘锦市爱国主义教育基地"的称号；2005年8月—2008年7月，先后被市旅游局授予"盘锦市百姓喜爱十佳景区"、"优秀旅游景区"、"盘锦市名牌旅游区"等称号；被新闻媒体誉为"盘锦文化产业八大处"等称号；2008年7月被市旅游局评为"盘锦旅游十大休闲度假基地"；碑林的彩色拓片被市旅游局评为"盘锦旅游特色纪念品"；2010年5月，辽河碑林被辽宁省科学技术厅、辽宁省科学技术协会授予"辽宁省科学技术普及基地"称号，是本次评选中盘锦市唯一一家获此殊荣的单位，这是辽宁省政府对辽河碑林科普工作的一次肯定和认可。随着时间的推移和辽河碑林工作者的努力，碑林管理处将继续有效地保护和合理地利用碑林资源，发挥示范引导作用，提升盘锦的城市形象，成为对外宣传盘锦的一张亮丽名片。

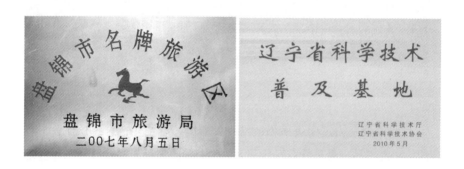

从国内著名碑林所走过的道路来看，碑林的存在，本身就是积累文化的历史过程。"辽河碑林"四个字就是品牌，就是无形资产，它的价值会随着时间的推移与日俱增，文化的内涵、历史的厚重会不断积累沉淀，最终体现文物独有的社会价值和经济价值，这也是辽河碑林发展的必然结果。因此，辽河碑林作为一项极具历史性、文化性和艺术性的工程，是不可能一蹴而就的，要作为一项传世工程来加以对待，经过几十年、几百年甚至几千年的岁月磨合，不断地更新、建设，才能在历史的长河中焕发出愈加耀眼的光芒。

汉文字的雏形——古陶文

　　人类由于文字的发明及应用从而告别了荒蛮，过渡到文明时代。作为汉文化载体的汉文字的诞生，标志了中华文明的开端。谈到文字的起源，大家都会想到仓颉造字的传说，据汉代纬书《春秋元命苞》中记载："仓颉生而能书，及受河图录字，于是穷天地之变，仰视奎星圆曲之势，俯察鱼文鸟羽，山川指掌，而创文字。天为雨粟，鬼为夜哭，龙乃潜藏。"但"仓颉造字"的说法只是传说而已。因为文字绝对不是仓颉一个人所能独创，而是在社会文化发展到一定阶段，需要有文字记事的时候，人们在集体生产劳动过程中经过观察自然的事物，并根据所要表达的思想内容而创制出来的。汉字是个庞大繁复的体系，不经过很长的时间是不能创制成功的。正如鲁迅先生在《汉文学史纲要》中讲得很明确："文字成就，所当绵历岁时，且由众手，全群共喻，乃得流行。"

　　纵观人类发展的历史，世界上古老的文字还有：五千年前苏美尔人的楔形文字；四千年前古埃及的象形文字；两千年前美洲的玛雅文字。但由于社会变迁，兵连祸结，使它们或毁于一旦，或中道夭折，最终演化为拼音符号。只有中国的汉文字却能以其强大的生命力在五千年历史进程中代代相传。并以汉民族特有的文化结构和汉字本身的特点，孕育出了华夏民族独特的书法艺术。它历经了三千多年的发展和创新，愈加焕发出特有的魅力和风采，这是世界文化史上的奇迹。

　　辽河碑林在古代馆中，分别选取了仰韶文化和大汶口文化古遗址中出土的两种具有代表性的陶文符号镌刻上石，这是我国至今发现最古老的文字雏形，以供观者欣赏和研讨。

　　陕西省西安半坡遗址是一处典型的原始社会母系氏族公社村落遗址，属于仰韶文化类型，距今6000多年。在出土的一些陶钵外口沿的黑色宽带纹上和陶盆外壁上，均发现有五十多种不同的

半坡陶器刻划符号

大汶口陶尊符号

刻划符号，都是烧成后刻上去的。看来这类刻符应是与当时制陶有关的记事符号，或是先民为了表达思想感情而有意思的记录。郭沫若先生认为："刻划的意义至今虽尚未阐明，但无疑是具有文字性质的符号，如花押或者族徽之类。我国后来的器物上，无论是陶器、铜器或其他成品有物勒工名的传统，特别是殷代的青铜器上有一些表示族徽的刻划文字，和这类符号极相类似。由后以类前，彩陶上的那些刻画记号，可以肯定地说是中国文字的起源，或者中国原始文字的孑遗。"

大汶口文化是黄河下游地区，介乎仰韶文化与龙山文化之间的一种文化类型。在遗址中出土的一些陶尊上也发现了刻有图画形的符号，这些画图与古文字中的象形文字已有相似之处，显然是一种意符。由此可以看出中国的文字最初是以象形为基础，由图画符号演进而来。其中有一个陶尊上刻的象形符号：上面象圆日，中间象火焰（一说象云），下面象五峰耸立的山（一说海水）。这件陶尊出土于山东泰安县大汶口遗址，距今约4000－5000年左右。20世纪70年代学界曾围绕大汶口的社会性质和族属问题展开了激烈的讨论，古文字学家于省吾先生认为这是文字的起源，把它考释为"旦"字，因为这个字符上部象日形，中间象云气形，下部象山有五峰形。他说："山上的云气承托着初出的太阳，其为早晨旦明的景象，宛然如绘。因此我认为这是原始的旦字。……这个旦字的发现不仅说明了距今四千年前后相当于夏代的龙山文化，已经出现了用三个偏旁构成的会意字。由此可以设想，当时已经有了由更早的简单独体字演化成的复体字。"著名的古文字学家和考古学家唐兰先生则认为：大汶口文化陶尊上的刻划符号，应是一个合体图画会意字，释为"昊"（hao），是我国汉字的远祖。他在《从大汶口文化的陶器文字看我国最早文化的年代》一文中指出："大汶口文化已经出现了阶级，是有文字可考的文明时代。"据此进一步推测出大汶口文化是少昊文化（今山东省境内）。少昊是中国古史上确切记载以鸟为图腾的东夷部落联盟首领，这个部落经历了不断的迁移、发展和壮大，从氏族社会进入奴隶制社会初期，并建立了奴隶制国家。"日、火、山"组合的陶文释为"昊"字，应是少昊氏的王号，后来又发展成族徽。在当时唐兰先生的观点受到多数学者的质疑，但80年代后期以来的学术观点却在很大程度上又重复了唐兰的观点，直到今天，大汶口文化和龙山文化的族属是以太昊氏和少昊氏为代表的东夷族，至少大汶口文化晚期到龙山文化时期已跨入了文明时代，这已成为学术界多数人的共同看法了。总之，对远古陶文符号的学术讨论的深远意义，则是在考古学界、史学界、古文字学界上开启并催发了研究者们对中国文明起源时间与地域的深思和研讨。

最古老的文字——甲骨文

甲骨文

中国文字始于何时，早已成为学术界争相讨论的热门话题，半坡彩陶和大汶口陶尊上的诸多刻划符号已被考古学家们认为是中国文字的雏形。而成熟文字，当属殷墟出土的甲骨文字。其中除了象形文字外，还有会意、形声、假借等比较进步的造字方法，已经具备了后来汉字结构的基本形式。

公元前1300年，商朝第20位国王盘庚把都城由山东"奄"（今曲阜）迁到风景秀丽、土地肥沃的"殷"地（今河南安阳小屯），此后经历了八代十二个王，共享273年。后人称这段历史为殷朝，此地也被称为殷都。这里也成为了商王朝后期政治、经济、文化的中心。周武王伐纣灭商以后这片沃土也逐渐荒芜，沦为废墟，"殷墟"由此而得名。

千百年来沧海桑田，埋在殷墟下的甲骨文碎片逐渐被当地村民耕地时所发现，同时还发现了它们有止血作用，于是被村民们争抢挖出卖到药店里。有些带字的甲骨片被转卖、流传到京津两地。公元1899年，清朝的一位金石学家、国子监祭酒（相当于今京城最高学府校长）王懿荣因病服药时发现药中带字的碎甲骨片并引起他的注意，认为这就是我国最早的文字—甲骨文。而后又有孙贻让、王静波、李济、罗振玉、王国维等学者先后调查、考证，终于揭开了埋藏于地下数千年之久的殷墟所在地之谜。从而使汝河岸边一个普通的小屯村一举成名，震惊世界。甲骨文的发现结束了中国流传千百年来有关仓颉造字的神话传说。此后，中外学者竞相研究，蔚然成风，很快形成了一门新的学科——甲骨学。从1928年10月开始至1937年，前中央研究院组织了十五次科学的发掘，为殷墟考古工作奠定了坚实基础。新中国成立后党和政府十分重视，1961年国务院颁布殷墟为全国重点文物保护单位，并在殷墟宫殿遗址上建立了殷墟博物馆。迄今为止，在殷墟已先后出土约十六万片甲骨，已发现的甲骨文单字在四千五百字左右。可以认识的有一千八百字。这些多数是商王利用龟甲、兽骨占卜吉凶时写刻的卜辞和与占卜有关的记事文字，也有一些与占卜无关的记载，为盘庚迁殷到纣灭亡二百七十三年间的遗物，是研究商代社会历史的主要资料。

在那个王权神化的时代，商王朝从王室贵族到平民百姓的一切活动都是依托神灵的意志来行事的，王室中设有专职的占卜官，称为"贞人"。他们充当神与人之间沟通的角色。商王从事的占卜活动特别频繁，几乎是无日不占，无事不占。殷人视乌龟为灵物，所以用龟甲来占卜事物的吉凶。也有用牛骨和少量人头骨、鹿骨、虎骨、羊骨、马骨、猪骨等材料的。

甲骨刻辞按内容分，可分为两大类。一类是占卜刻辞，另一类是记事刻辞。每当占卜时，贞人们在已选好的龟甲或牛、羊、猪的肩胛骨背面凿一些排列整齐的小圆孔，圆口的旁边再凿一条长槽，然后把燃烧的木炭放到里边灼烧，骨头受热后，正面就会随着"卜"的一声出现裂纹，贞人们就是根据这些裂纹的深浅或走向来为商王判断事情的吉凶，称为"卜"。占卜以后，卜官将占卜的事刻于卜兆旁边谓之"卜辞"。完整的卜辞包含四部分：

一、前辞。也称序辞，记载占卜的时间、问卜的人物和卜官的姓名。

二、命辞。记载所要问卜的事情。

三、占辞。指占卜人看卜兆后，所做的判断。

四、验辞。指占卜后，记录应验的事情。

事实上，不是每则卜辞都包含这四部分，很多卜辞省略了占辞或验辞，或者在记录过程中有其他方面的省减。

另一类是记事刻辞，是指在甲骨上专门为记事而契刻的文字内容，类似于现在的大事记。这些刻辞，没有经过占卜过程，只是把商王朝的田猎、征伐、祭祀等活动如实记录下来。这些刻辞为商王的活动留下了文字记载。依据内容不同，通常分为四种：

一、甲骨的纳贡与收藏记录

二、历史事件的记载

三、干支表

四、祀谱

甲骨卜辞的内容相当丰富，包括政治、军事、天象、历法、农业、手工业等各方面的社会内容。有祭祀上帝、祖先，为了求禾、求年、求雨；有卜王及王妇、王子等有没有灾祸降临，祖先是否作祟；有涉及征伐方国和俘虏的情况；还有记载起居、幻梦等生活琐事，至

甲骨文边地告警

于卜田猎、彐鱼、出入则是为了商王的游乐。它们是我国已发现的最早文献纪录，为我们研究商朝的历史提供了极其宝贵的第一手资料。

商代甲骨卜辞中常见关于羌的记载，羌是商朝西方的一个古老民族，与商王朝经常发生战争。羌在甲骨文中有四种用法：1用作地名，2用作人名，3奴隶名称，4族名或方国名。商王经常"征羌"、"伐羌"、"用羌"，俘虏大批羌人为奴。因此在甲骨文中有时"羌"便成为奴隶的代名词。商王不仅以羌人为奴，而且还常把羌人杀死，用作祭祀祖先的牺牲。

在辽河碑林古代馆的碑石上镌刻了四块典型的甲骨文辞版，在"边地告警"中就提到"有于羌"的史实。在另外一块辞版中，刻有"循土方"、"五百隶"，这是甲骨文中关于征战和用人牲数最多的记载。

郭沫若曾赞美甲骨文的书法"其契刻之精，而字之美每令吾辈数千载后人神往"。它的结构是长、短、大、小略无一定，在一块卜辞中或

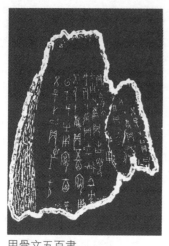
甲骨文五百隶

疏疏落落，极为错综；或密密层层，十分严整。每个字的结构和整幅的排比古趣生新。它的笔法有方有圆，有肥有瘦，很小的字纤细如毫发，也有一寸以上的大字，笔画是方笔居多，而圆笔有如草书的"游丝体"回旋婉转，几乎不像是用刀刻成的。大字之低极平，像是凿成的。从书法的整体来看，具有雄壮、谨饬、劲峭等种种不同的风格。

在骨板上曾经发现有朱笔写而漏刻的字迹，好像是用毛笔写的，那就是说在殷代已经有了毛笔，但至今还没有其他可供考据的资料能以佐证。

研究甲骨文的重大意义在于：对于古文字学来说，可检验"六书"理论，考证汉字的起源及其发展变化的规律。纠正《说文》的违失，与金文互为参证；对于考古学来说，由于甲骨文的大量出土，进而可确立殷墟中与甲骨文共存的其他文物的断代；对于古文献学来说，很多古籍在流传过程中辗转、传抄，产生了许多讹误，很多典籍、文章失传了，可以利用甲骨文来补充、勘误和说明。如考证了《史记·殷本纪》的世系与甲骨文中殷王世系基本吻合，证实了《史记》的真实可靠性。

总之甲骨文作为一种完整体系的文字是我国迄今所发现的最早文字，它同世界上其他古老文字一样，以自己完善的形态和精美的书法艺术在世界古代文明中发出灿烂的光彩。

国之重宝——后母戊大鼎

在商代与甲骨文并存的文字还有金文，金文是指铸刻在青铜器上的铭文，西周以前将"铜"也称为"金"，所以铜器上的铭文就称作"金文"或"吉金文字"。

当时这种文字铸在钟鼎上为多，故又称"钟鼎文"。金文起源于商朝中后期，至西周达到鼎盛，战国后期开始衰退，前后历时近千年。在这段时间里，金文的书法艺术始终处在不断发展演变的过程中。殷商的青铜器主要有兵器、礼器、生产工具。商朝中后期青铜器上的文字字数很少，一般在十个以下，一、二个的较多，最多的也只有四十多字，其出现的时间和殷商的甲骨文相差不远。

举世闻名的后母戊大鼎是商代后期（约公元前16～前11世纪）王室祭祀用的青铜礼器，1939年3月被安阳小屯农民从殷墟王陵区盗掘出，但因太重无法运走，故又将其掩埋，直至1946年6月又重新出土，因大鼎腹内铸有"后母戊"三字而得其名。鼎腹呈长方形，上竖两直耳，四圆柱形足。通高1.33米、口长1.10米、口宽0.78米、重875公斤。是迄今为止我国出土最重的一件青铜器，是国之重宝，现藏国家博物馆。

1984年9～12月，中国社会科学院考古研究所安阳队对出土后母戊鼎的大墓进行了考古发掘。该墓编号为殷墟M260，位于侯家庄西北岗殷王陵东区，处于商代晚期祭祀场西侧。木椁中置木棺，已被破坏。该墓曾多次被盗，随葬品基本上已被盗一空，因此考古发掘仅发现白陶簋残片、玉戈、金叶以及石磬残片等。根据地层关系及白陶簋残片等的时代特征，发掘者确定该墓的年代与1976年进行发掘的安阳殷墟妇好墓属于同时代，应是商王武丁后期至其子祖庚、祖甲时期。根据殷墟甲骨文的研究，妇好是商王武丁的一个王妃，庙号为妣辛。妇好墓中出土有后母辛方鼎，其形制、纹饰和铭文的风格均和殷墟M260出土后母戊鼎一致，这也说明二者是同一时期的器物，可见后母戊鼎的年代应属于殷墟二期。

此鼎铭文仅有三个字，对于此鼎铭文及时期的考释有新旧两种释法：旧

后母戊鼎

后母戊鼎铭文

释为"司母戊","母戊"为墓主人的庙号（死后在宗庙的称号）。"司"读"祀"，即祭祀的意思。旧说认为这三个字的铭文表示该鼎为祭祀母戊而作。并认为母戊是商王文丁（属于殷墟三期）之母的庙号，该鼎为商王文丁所铸，是用来祭祀其母。但是，这种看法是与上述考古发掘殷墟M260时确定的殷墟二期时代是不相符合的。

在20世纪70年代学术界对后母戊鼎的铭文又提出了新的考释：因为商代的文字书体较自由，可以正书，也可以反书。因此，"司母戊"中的"司"与"后"二字的字形是可以相通的，至于释"司"还是释"后"，应依铭文总体的文义而定，而在此处则以释"后"为妥。"后"在这里表示墓主人的身份，即她生前乃商王之"后"。"戊"是人名，商代王室都是以干支来命名的，如商王盘庚、武丁。因此，鼎铭文应更正为"后母戊"。大多数学者认为"母戊"并不是商王文丁之母，而应是商王武丁之妻，祖庚和祖甲之母。因为从殷墟甲骨文中可知，商王祖庚、祖甲之母的庙号是"妣戊"，正与妇好庙号"妣辛"相吻合。因此断定该鼎是武丁之子，祖庚或祖甲为祭祀母后而作的祭器，墓祭之后随葬于其母之墓中。此说不仅从古文字学来讲可以成立，而且与上述1984年考古发掘所判定的殷墟M260的时代也是一致的。

相传武丁生前有60多位妻子，她们的名称是"妇＋名"。这个名主要是她们所来自的方国名，再加上"女"旁。如妇好是来自"子"方，（妇好的卜辞也写作"妇子"）。在这众多的妻子们中称后的只有18位，而有资格进入周祭谱与武丁配享（即法定配偶）的只有三位，即妇好、妇妌、妣癸。三人中最突出的当属妇好，她不愧为是中国历史上第一位有文字记载的女政治家、巾帼大将军。据甲骨卜辞记载她曾多次主持祭祀和占卜活动，在王室中享有举足轻重的地位。她还率兵征战，北讨土方，东南攻伐夷方，西南打败巴方，最多的一次竟带兵13000多人击溃了来自西南的羌方。妇好为武丁的社稷立下了汗马功劳，武丁十分宠爱她，授予她独立的封邑。据统计，甲骨卜辞里就有过200多次武丁为妇好占卜祈祷的记载。

武丁三妃之一的"妣戊"或"后戊"在四期甲骨文中又称作"妣戊

姘"，或称"妇姘"，她就是后母戊大方鼎的主人，出身于殷商北部名"并"的诸侯国（在今河北邢台）。嫁给武丁后，她也经常外出征战、进行畋猎、参与祭祀，有功于商王朝。武丁非常关心她的生育疾病等事，经常为她占卜、举行祭祀。在甲骨文中有"姘受黍年"、"妇姘呼黍于商丘"，就是武丁为她卜问其封地内年景之好坏的卜辞记录。

殷商的金文，不仅有意识的追求文字的规范化，同时也开始追求文字的线条化和文字美。大鼎上"后母戊"三字的书法风格虽受甲骨文的影响较深，但甲骨坚硬，用刀作刻契工具，所以，甲骨文线条方折明显。金文由于铸造的方式，则改甲骨文的方折、钩廓、细笔为圆转、填实、粗笔。所以，金文较甲骨文更加形象化、规范化，也更有书写的意趣。"后母戊"三字笔画的起止多显锋露芒，间用肥笔，中间粗，两端尖。笔势雄健，形体丰腴，加之浇铸的效果更显得朴拙浑厚之美，足可与器形雄伟、纹饰华丽、制造工艺高超的大方鼎本身相媲美。

鸿器重宝——大盂鼎

大盂鼎又称盂鼎，是西周早期的青铜礼器。大鼎高101.9厘米，口径77.8厘米，重153.5公斤。鼎的内壁铸有铭文19行291个字，因作器者是康王时大臣名盂者而得名。

清道光初年，大鼎在陕西省岐山县礼村出土。出土后即被当地士绅、大收藏家宋金鉴购得。由于

大盂鼎

宋家权势所限，无能力留住这稀世珍宝，无奈出让给岐山县令。此后大盂鼎又被辗转卖到北京琉璃厂。道光三十年，宋金鉴考中进士，拜翰林。有一天在北京琉璃厂突然发现他的心爱至宝竟摆在商铺里待售，他感慨万分，遂以重金将大鼎购回。宋金鉴死后，他的后人为生活所迫又将大鼎转卖。而后落到左宗棠手中，当时左宗棠仅任湖南巡抚幕僚，尚未发迹，因

大盂鼎铭文

受谗言所害，遭致朝廷议罪。幸得时任侍读学士的潘祖荫相助，上书咸丰皇帝力保左宗棠。他多方打点，上下疏通，使其免于治罪。左宗棠为答谢救命之恩，遂以大鼎相赠。此后，大盂鼎就一直为潘氏所珍藏。孰料潘祖荫命短，当年就去世了。潘氏无后，就由其弟潘祖年承兄遗愿，为兄守护所藏的青铜器、字画、典籍等珍贵的文物。他一生以"谨守护持，决不示人"之规严律家人。就连其女婿书画大家吴湖帆也不准入室观赏。在祖父潘祖年和丈夫潘承镜相继去世后，年仅20岁的潘家孙媳改为潘姓，名潘达于，就此挑起了掌管门户，守护家宝的重任。

当时一些官宦、国民党当局、地方匪徒、外国古董商人和日本侵略者都虎视眈眈，企图占有宝鼎。凭着潘达于的智慧和勇敢，将这些宝物掘地深藏起来，使它们躲过了一个又一个劫难。1949年春，苏州、上海相继解放，已是不惑之年的潘达于女士毅然将家中祖传的宝物无私地捐献给上海博物馆。她对国家和社会的贡献是巨大的，这种护鼎捐鼎的爱国壮举永为国人所铭记。

从此，180多年来历尽磨难和曲折的大盂鼎终于回到人民的怀抱。十年大庆期间，大盂鼎被借调到中国历史博物馆（今国家博物馆）陈列展出，至今仍藏于国家博物馆。

大盂鼎铭文记叙的是周（成）王二十三年九月在宗周册命盂（应是南宫盂，周成王时的命臣）的史实。铭文的大意是：(成)王回顾文王、武王的德政，认为先王时的执事大臣饮酒和祭祀都不敢滥饮，所以上天保佑先王征服天下。而商朝失去天命，是由于殷人从守藩、守疆者到内廷的执政大臣都带头酗酒，所以灭亡。告诫盂要接受王命，辅佐自己，协调纲纪，主管军队，勤勉而及时地处理赏罚狱讼案件，奔命讨伐，安抚四方。而王本人则继承文王政德，并效法文王册命少数几名执政的重臣那样，要求盂树立德行的榜样，执行天子的使命。并将盂的先祖南公（西周初期开国元勋，名南宫适）指挥作战用过的旗帜赏赐给盂，让他效法南公用以巡狩、征伐。还赏赐给盂邦国的官员、异族的王臣、及畿内周人和俘虏的异族人口多达一千八百余人，还有车马、驭手、香酒、服饰及许多生活用品。盂为了颂扬周王的美德，铸造了纪念先祖南公的宝鼎。史学家们认为，这篇铭文不仅记载了西周时期的分封、世袭制度和赏赐制度，而且还总结了西周开国的经验和商朝灭亡在于酗酒的教训，这对研究周朝的社会情况有非常重要的价值。

青铜器铭文是按照墨书原本先刻出铭文模型，再翻范铸造出来的。由于商周时期青铜铸造艺术的精湛，铭文字迹一般都能在相当程度上体现出墨书的笔意。因此，我们所讲的青铜器铭文的书体演变和书法艺术，实际上也可看做是商周时期墨书的书体演变和书法艺术。大盂鼎铭文作为西周早期金文的代表，在书写上留有殷商甲骨契刻遗风。铭文中书法体势严谨，字形结构多呈纵势长形，已初步形成了正统篆书纵向取势的基本面貌。左右结构与上下结构的字大多结合紧凑，通过笔画的穿插避让，显得十分质朴平实。用笔方圆，起止不露锋芒，有端严凝重的艺术效果，是成康之世青铜器铭文中书法造诣最高的一品。

中国辽河碑林

具有"铜史书"之称的大盘——史墙盘

西周初期，有一个原本是商朝旧族的微氏家族归附了周朝，历经五代。相传到了墙这一代，仍任职史官。他没有忘记自己家族兴盛的原因，因而更加感激周天子不计前嫌，重用他的恩德。于是铸造了一个很大的青铜盘，并将自己的全部感情凝聚成文字，写成一篇诗文铭记盘上。被后人称为中国的"青铜史书"。由于此盘是史官墙所造，故称"墙盘"或"史墙盘"。

盘高16.2厘米，口径47.3厘米，内深8.6厘米，重12.5公斤。盘呈圆形，浅腹，双附耳，圈足。腹饰垂冠、长尾凤鸟纹，圈足饰窃曲纹，通体用线条很细的云雷纹衬底，上下内外均以黑漆紧裹，乌黑发亮，保存极

史墙盘铭文

好。盘体造型深厚，纹饰精美。1976年12月于陕西省扶风县周白村西周窖藏出土，与此盘同出土的青铜器共103件，都是微氏家族的用器，现藏陕西省扶风县周原博物馆，属国宝级文物。

盘腹内底铸有铭文18行，284字。分为前后两大段，前半段追述了西周文、武、成、康、昭、穆、恭七世天子的重要政绩。后半段是史墙自叙家族自远祖以来六代人历事周王朝的功业，及祈求先祖庇佑而作器以资纪念。这是一篇典型的追孝式铭文，使用了简明整齐的四言句式，类似《诗经》，是已知时代最早的带有较明显骈文风格的铭文作品。通篇文章结构严谨，一气呵成。文辞典雅高古，大多押韵，堪称我国古代优秀的文学作品。它是建国以来出土的青铜器中铭文最长、内容最丰富、最重要的一篇，对西周断代史及古文字的研究提供了极其重要的资料。

盘自出土以来，学者们在历史、考古、古文字考释等方面都进行了系统的研究。尤其在古文字考释方面：许多著名学者如唐兰、裘锡圭、李学勤、徐中舒、于豪亮、于省吾、戴家祥等都作了考释方面的文章，并取得了重大突破。但因为墙盘年代久远，其中许多文字已无法辨认。因此对于某些文字的考释，诸家众说纷纭，令人莫从所知，只能留待研究金文的专家、学者们继续研讨。

西周（公元前1079年～前771年）始于文王，终于幽王，共历十三帝。周族有着悠久的历史，长期在陕甘一带活动，后以岐山之南的周原为主要的根据地。至公元前11世纪初，周族的势力日益强大。它不断的征伐附近小国，扩充实力。又把都邑从周原迁到今长安县沣水西岸，建成丰京。从墙盘铭文中可知：文王受天命，进一步加紧了伐商的准备，并让百姓安定和谐。上天赐给他美好的德行和有力的辅佐，使他拥有王土和方国；威武刚拔的武王率领精兵，征讨四夷，挞伐殷商，分封诸侯，以藩屏周，统领殷民和奴隶耕作，定下了"永不恐狄""挥伐夷童（指东夷）"的政治格局；至仁至圣的成王开朗明智，使左右大臣受任刚谨，不久平定了武庚叛乱，尽心竭力地定国安邦，使周王朝出现了一派安定的局面；渊博大智的康王拥有广袤的疆土，臣民宾服；弘大善美的昭王，远能亲善荆楚，守道南行，士卒众多，军队规模盛大；尊敬显德的穆王，能遵循先王的伟大谋略，惩前毖后；当今的天子（姬姓，名繁扈yi hu 谥号共王，也称恭王，周穆王之子，西周第六代天子）继承了文王、武王长久的功业，提倡臣民互敬互爱，建立康乐祥和的社会风尚，使得天下光明，如日中天，上天授予恭王美好的命运、厚福、丰年。四方夷族、君长没有不来朝见的。

史墙在下半段铭文中记叙了微氏家族祖孙五代在西周王朝任职的功绩。墙的高祖名商（是商王武丁之子祖乙的后裔，是商末重臣微子启的史官），原来居住在今山西省潞城县东北的微国。武王灭商后，担任微国史官的烈祖归顺了武王，武王令周公在周原划给他采邑。又封他为西周王朝的礼仪史官，居住在周原（今陕西扶风周白村附近）；通达而惠爱的乙祖（烈祖之子）因勤勉不怠，有深谋远略之才，尽心辅佐，被周王室纳入心腹大臣；善良英明的亚祖折，担任作册史官（代表周王赏赐），身居要职，繁育子孙，为家族所称道；竭忠尽力的文考公丰（墙的父亲），品行端正，无人讥讽，善于经营管理家族，耕作收获。孝父母、友兄弟；到了史墙这一代，他从早到晚不敢懈怠，勤奋做事，职升尹氏（史官长的副手）。为了弘扬天子的显赫德政，祈求祖考赐福，烈祖文考赐财富、福禄，而铸造此盘。墙要求自己要恭敬地朋事君长，一万年宝用。史墙盘铭文不仅是一部微氏家族的发展史，而且由于这些史料不曾见于文献，因此填补了微国史的一段空白。从铭文中还可以看出，这个家族由一个商殷的臣属遗民而成为周的重臣，这对研究西周王朝善于接纳异族的用人策略提供了极有价值的史料。

盘内铭文还是一篇很漂亮的书法作品，结体宽博有度，呈长方形。行款均匀疏朗，间距不紊而严谨。用笔横竖转折自如，笔锋圆泽而厚实。字迹整齐划一，朴实遒美。有后世小篆的笔意，被历代书法家称之为"玉箸体"，是西周最流行的书体风格。

青铜盘上的土地契约书——散氏盘

散氏盘简称散盘，又称夨人盘。是西周历王时期的青铜器。器身高20.6厘米，腹深9.8厘米，口径54.6厘米，底径41.4厘米，重21.312公斤，盘内底上面铸铭文19行，计357字。此盘以长篇铭文著称于世，与毛公鼎、大盂鼎、虢季子盘同被誉为晚清"四大国宝"。此盘于清乾隆初年在陕西省凤翔县境出土，曾在乾、嘉、道三朝为官，官至体仁阁大学士和太傅的著名学者阮元根据

散氏盘

盘上铭文的内容定名为"散氏盘"。

散氏盘呈圆形、浅腹、双附耳、高圈足。腹部饰夔纹、间以三浮雕兽。圈足饰兽面纹。整体显得庄重华丽。铭文的字与字之间隐约可见阳文直线界栏，从造型与文字上看，此盘均呈现出典型的西周晚期青铜器简约的风格。

早在商朝中期青铜器上便已出现铭文，直至西周之后，在铜器上铸刻铭文的风气才大大风行。凡有祭祀、战争、农事、赏赐等大事，甚至是契约都要记录在青铜器上。散氏盘的长篇铭文就是记载了西周晚期散、矢两个方国解决土地、疆界纠纷的契约书。

据史学家王国维考证，嘉陵江一个支流的发源地，是秦岭山势中断之处，与自甘肃西来的陇山之间形成一条通道，古人利用这条通道，开通了连接巴蜀与关中的陈仓之路，这里土地肥沃，气候适宜，是周朝散国的封地，因此得名大散岭。散氏的始祖散宜生就是古散国人，（今陕西宝鸡、凤翔一带）散人在周朝以前是复姓，姓"散宜"，随着姓氏演变，散宜简化为单姓"散"。散宜生是西周开国功臣，是"文王四友"之一，与姜尚、闳夭等贤臣同救过西伯姬昌。当时西伯被纣王囚禁羑里，他与姜尚等人广求天下美女和奇玩珍宝，打通权臣费仲关节，求纣王释放了文王，后来又辅佐武王灭商，被分封为姬姓诸侯国，与姜姓的齐国同是西周初期较为活跃的方国。

西周晚期战争频繁，散氏盘铭文中记载了周历王时期，矢国侵扰散

国的城邑，吃了败仗。后来双方议和，矢国使用田地向散国作出赔偿。赔偿的田地有两块，一块是眉田，另一块是井邑田。在和议之时，矢国派出官员15人来交割田地及种田所用的器具，散国则派官员10人来接收。于是双方聚集一堂，协议订约。又凭着双方官吏跋山涉水实地勘测，以道路、树木作为新划分的疆界，并由田官绘制成一个并不规整的眉田、井邑田的土地分界图。而后，由矢国官员对散人起誓，守约不爽。在周王派来的史正仲农监督下，矢人将割让给散人土地的地图、文字资料交与散人收执，成为矢、散两国划定疆界的盟约，并将盟约铸于盘上永世为证。青铜盘原为盛水的盥洗器，但散氏盘在镌铸契约长铭后，已然成为国家社稷的重器了。散氏盘铭文让人们很自然地联想起战国时期纵横家苏秦所说的"三分壤土，著之盘盂"的话，它作为研究西周后期土地制度及社会变革的历史文献，可以说就是一篇《尚书》外传。

散氏盘流传有序，根据张廷济的《清仪阁题跋》等文献资料得知，清乾隆年间该盘于陕西凤翔出土后，曾被扬州徐约齐从歙州程氏手中购得。后来扬州有一位姓洪的翰林，十分喜欢收藏古物，得知散氏盘的消息后，便以高价买下了此盘。而后，洪翰林又出资复制了两件假盘，并将真盘卖掉了。传说清阮元也翻铸过此盘，并有铭文拓片传世。嘉庆十四年(1809年)仁宗皇帝五十大寿时，新任两江总督阿毓宝从扬州盐商手中买得此盘，作为寿礼进贡给了皇上。但嘉庆皇帝不像他的父皇乾隆那样喜爱鉴赏文物，收到这份贺礼后就交给清宫内务府收藏了。在真的散氏盘进入皇宫后不久，一件仿制的散氏盘也被送到宫里，于是皇宫中就有了一真一假两件散氏盘。此后，历经道、咸、光、宣四朝，因年久失查，不知所在。后来，不知是什么原因，宫里的人把真假两件散氏盘弄颠倒了，假盘被当作真品收藏在圆明园，后被英法联军烧毁。而真盘却阴差阳错地躲过了这场劫难，被侥幸地保存下来。1924年逊位的清内务府清查文物财产时，在养心殿库房里发现了散氏盘，1935年散氏盘随清宫其他文物移交给北平故宫博物院，抗战时南迁。1949年初，这件真散氏盘同故宫其他众多的珍贵文物被国民党政府运往台湾。如今收藏在台北故宫博物院，成为台北故宫镇宅重宝之一。

关于真假散氏盘还有一段鲜为人知的故事。1925年春季的一天，时任故宫博物院院长的马衡带领工作人员清点清宫留传下来的文物，对每件文物进行登记造册。在库房一角堆放的陈旧大木箱中发现了一只大铜盘，大家情不自禁地喊起来："快来看，这不是人们所说的散氏盘吗！"马衡仔细地端详这件铜盘，更是喜出望外。高兴之余，大家又迷惑不解？据宫内传说，散氏盘早在1860年英法联军火烧圆明园时就被大火烧毁了，可它为什么又会出现在这里呢？为了弄清事情的缘由，他们询问了清宫里的一些老人。据老人们回忆，在圆明园被大火烧毁的是真散氏盘，宫中保存的这件是仿制品，余者老人们就说不清楚了。为了弄清真相，马衡就开始到古董街访问。果然功夫不负有心人，几位古玩行里的老行家告诉马衡，原来民间一直流传散氏盘出土后就有人复制过它。要破解真假散氏盘之谜谈何容易！但马衡是中国最著名的金石学家，精通古文字。他仔细地观察散氏盘上的铭文，终于想出了一个即科学又简单的方法，那就是找到真散氏盘的原始拓片，再与这件盘上的铭文相对照比较。因为即使仿制者的技艺再高超，仿制的铭文也会与真迹有差别，绝不会一模一样。马衡经过不懈的努力，终于在清宫档案中找到了散氏盘的原始拓片，他把拓片与散氏盘上的铭文进行反复认真地比较，得出的结论让人们既惊讶又兴奋，这件西周时期的散氏盘是真的！

散氏盘铭文并全器的原始拓片极其珍罕，难得寻求，其铭文的字体有着独特的代表性。民国时期拓片名家，立体拓的一代大师周希丁亲自手拓的散氏盘铭文并全器的拓片，由国家图书馆珂罗版印刷的原大精印、整幅托裱本可满足海内外学者收藏、研究、临摹之用。盘锦辽河碑林也依此本镌刻上石，供广大观众欣赏。

散氏盘铭文的字体结势已呈扁方，取横向之势，与当时取长方纵向的大势迥然相异，其风格与后来出土的战国时期的楚长沙帛书十分相似。线条圆润而凝练，运笔粗放，行气朴茂，章法错落有致，尤其是经过浇铸、捶拓之后，许多长短线条之间不再呈现对称、均匀、排比的规则，而是展现出种种不规则的趣味来。在结体上上密下疏，这样即便字形倾侧欹斜也无碍大局。通篇铭文最大的审美特征还在于一个"拙"字，即拙朴、拙实、拙厚、拙劲，线条的厚实与短锋形态使我们感受到一种斑驳陆离，浑然天成的美。可见散氏盘铭文的书体已进入成熟期，书风已由优美遒丽转入醇厚雄壮。文字线条婉转灵动，既有金文之凝重，也有草书之流畅，开"草篆"之端，是研究西周金文重要的材料。该盘自发现至今，书法极受学术界、书法界的推崇。评论文字之多，效法者之众，居三代书法之冠，可谓金文书法的一颗明珠。

商周时期的簋王——胡簋

簋（gui）是古代祭祀时盛粮食的器皿，㝬（hu）簋又称胡簋，现藏陕西省扶风县博物馆。其器型为方底座，圆形腹，高圈足，凤鸟形双附耳。器底座上饰竖条瓦楞纹，腹上部和圈足各饰一圈勾云纹，腹中部饰竖条状瓦楞文。通体高59厘米，口径43厘米，腹深23厘米，重60公斤。器形雄伟厚重，拙朴典雅。是目前所见商周青铜簋中最大的一件，故有"簋王"之称。胡簋铭文是辽河碑林选刻的唯一一件簋器铭文。

胡簋

1978年5月5日在陕西省扶风县法门镇齐家村1号西周窖藏出土，此窖藏在修筑齐家村陂塘时发现，被推土机推出时簋已残碎，后经修复完整。簋的腹底部铸有铭文12行124字。据考证铭文中"㝬"为周厉王，是西周第十位国王（前878年～前841年在位）姬姓，名"㝬"，又因铭文中有铸器的准确年代（厉王十二年），因此也是西周晚期厉王时代青铜器断代的标准器之一。

今陕西扶风旧属西周时期的周原，这里是周文化的发祥地和灭商之前周人的聚居地，历史上的周原范围北至岐山，南临渭水，东到今武功，西到今凤翔宝鸡一带。20世纪50年代后期，中国科学院考古研究所、陕西省文管会、陕西省考古研究所等单位先后在此调查试掘。1976年陕西省文管会与西北大学考古专业联合在此进行了一系列规模较大的发掘，获得了举世瞩目的成就。包括对几处西周建筑遗址的系统发掘；窖藏和墓葬中出土了成批的青铜器，遗址中还发现了大批刻辞卜骨和其他许多具有珍贵历史价值、艺术价值的文物。胡簋便是其中之一，其长篇铭文的内容是讲周天子（厉王）为祭祀先祖广施恩泽，开创周业，拓土开疆，富民强国的丰功伟绩；祈求皇天辅佑自己，社稷江山稳固，多福多寿。这是厉王自作的一篇祭辞，铸在青铜簋上，作为国家重器永宝之。

据《国语》、《竹书纪年》、《史记》等历史文献中记载，周文王、周武王开启的强盛的周王朝败在了周厉王手里，周厉王与他祖上的仁爱施政不同，是个残暴无道的君主。他任用荣夷公为卿士，掌管国事，独占天下财力，奴役百姓，使百姓怨声载道。他不听贤臣周公、召公、芮良夫的劝谏，还剥夺了一些贵族的权利，实行专利，因此招致了贵族和平民的不满。而厉王又"止谤"，继续"防民之口"，堵塞言路，并不断地诛杀讥谤者与牢骚者。因此国人纷纷起义，冲进王宫，试图杀掉厉王，史称"国人暴动"。厉王被迫逃出镐京，越过黄河，到周朝的边境——彘（zhi）（今山西省霍县）避难。他出逃后，周公、召公二辅相共同管理朝政，号称"共和"，自共和元年（前841年），中国历史便有了明确的纪年。

如果换个角度来客观的评价，周厉王应该是中国历史上有文献记载的第一位大胆改革的政治家。实际上从西周昭王起就已"王道微缺"，到周夷王时又出现了"王室微，诸侯或不朝，相伐"的局面。厉王即位时面临的是一个在政治上将要失去共主地位，经济走向崩溃的局面。为了挽救西周王朝的统治，他对外采取了一系列的军事行动，歼灭了噩（e）国的入侵军队，平定了淮夷的叛乱，保卫了周的安全，大振军威和国威。他对内改变了周公、召公"世为卿士"的惯例，启用了在经济、军事上有专长的荣夷公和虢公长父。并采取了"专利"和"弭谤"的经济和政治高压政策。从贵族占有的山林川泽中规定了向王室缴纳的"专项"贡赋税收，充

胡簋铭文

实了国库。从而导致国人暴动，落得暴君的骂名。周厉王虽在政治、经济、军事、法律等方面都进行了改革，但他的对立面是强大的旧贵族，加之他年轻没有经验，改革中牵涉到了过多人的利益，以遭致贵族的不满，连国人也反对。

历史文献中记载的"芮伯忠谏"应是在厉王执政之初，故而芮伯称厉王为小子。厉王在胡簋中也是这么称谓自己。胡簋也是厉王祭奠义士献身的青铜器，厉王借此为自己辩解，讲明为什么要向国内派义士献身，并以此追记义士。

西周是金文书法艺术的全盛时期，尤其是夷、厉、宣、幽四世可算作金文的晚期，这时的书体是西周中期金文风格的延续和发展，其象形程度减弱。如肥笔、波折、方形和圆形的笔划已被线条取代。从胡簋铭文中我们可以看到书写便捷，字体典雅，笔画圆润，结构和谐，字形多呈纵势，章法纵横有敛，刻意求工的特征。已是大篆书体最成熟的形态，在金文书法艺术中占有相当重要的位置。

稀世瑰宝——毛公鼎

毛公鼎是中国二千八百多年前西周宣王时代的一件宗庙祭器，是清末四大国宝重器之一。通高58.3厘米、口径47.9厘米、重34.7公斤，其鼎呈大口仰天式，半圆形深腹，兽蹄型的三足蹲踞，造型壮硕。口沿上厚实的立耳微撇，浑厚而凝重。毛公鼎口沿颈部的两道凸弦纹之间饰以精美的重环纹，长短相间，极为简略，是西周"礼崩"最具体的证明。它虽然铸制简朴，但西周的气派犹存，标志了西周晚期时尚的变化，人们已从浓重的神秘色彩中摆脱了出来，淡化了宗教意识而增强了生活气息。

毛公鼎于清道光三十二年(1843年)在陕西省岐山县的周原出土，出土时无破无损，极为完整。更可贵的是鼎腹部铸有32行499个铭文，是现在所知青铜器上铭文最多的一件。在当时，青铜器不但以质地、古旧程度论价，而且还按照铭文的字数加价，一个字可以加一两黄金。因此，毛公鼎自然就成了稀世瑰宝。又因铭文的内容是记载周宣王告诫及赏赐大臣毛公厝（an）的策命辞，故名毛公鼎。现藏台北故宫博物院，成为该院镇院国宝之一。其铭文被镌刻在辽河碑林古代馆内金文区域中，可与后母戊鼎、大盂鼎前后呼应。

由于毛公鼎铭文解读容易，学界对它的研究主要放在断代上。铭文中只记载了"王"，但具体是哪个王？学界对此经过一番研究：最初有人说是周厉王，后来越来越多的考证认为是西周晚期的周宣王。

周宣王姬姓，名静（或靖），厉王之子，西周第十一代国君，在位四十六年，谥号宣王。周宣王即位于周王室衰敝之时，他为振兴周王室，缓和国内外不安定局面，采取了一系列措施。对内任用贤臣，革除积弊。对外平定周边方国、夷族的侵扰，在一段时间内政权得到了巩固。当时西周中央政府机构中最高统治者是周天子，其下是辅政大臣总理朝政，再下又设"卿事寮"、"大史寮"两个官属机构，由辅政大臣亲自统领。

毛公家族世为周王室的朝臣，早在康王即位时大臣中就有毛公的记载。毛公鼎铭文中所记受策命者是毛公厝（an），他在西周晚期已是权倾朝野的重臣了。

毛公鼎铭文是一篇典型的西周策命铭文，但不拘泥于传统的策命体例。分为五段，各段均为"王若曰"起，显然是出自当时史官之手，全篇文辞精妙而完整、古奥而艰深，是西周散文的代表作。

铭文第一段首先追述文王、武王的丰功伟绩。征服方国，并以光辉润泽他们，先辈大臣们辅助先王，皇天不懈地福佑，使周朝出现清平的盛况。同时宣王又感叹铸鼎时时局的不安宁，唯恐沉溺在艰难之中，给先王

毛公鼎

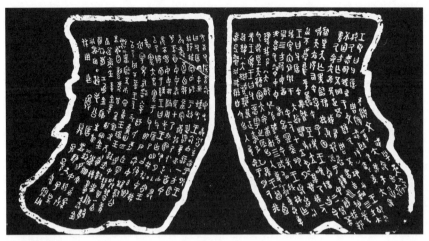
毛公鼎铭文

带来忧惧。

　　第二段接着叙述宣王策命毛公治理国家内外大大小小的政事，协调上下关系，考绩四方官吏。又令毛公族人担任禁卫军，捍卫王室永不动摇。

　　第三段给予毛公宣布王命的专权，此后出入或颁布命令，没有事先报告毛公，就不能对外乱发布命令。

　　第四段告诫鼓励毛公，要以善从政，不能荒怠政事、不能壅塞民意不能鱼肉鳏公寡妇、不能让官吏中饱私囊，好好教导属下不能酗酒，要记住守业不易的遗训，勤政受民、修身养性，使王能符合天意，使四方诸侯康强安定，免遭丧国之祸。

　　第五段宣王重申命令毛公统管"卿事寮"、"大史寮"，并兼管公族和参有司、小子、师民、虎臣以及王的一切官吏。最后颁赠厚赐给毛公：金钱三十寽、美酒、圭瓒宝器、各种玉器、车马及配饰、仪仗旌旗、舆服绶带等用以岁祭和征伐。毛公为了报答天子的辉煌美德，特铸造宝鼎以资纪念。并传示给子孙后代永远宝用。

　　这篇皇皇巨制的铭文表达了周宣王励精图治的决心，可称是凌驾于《尚书》的一篇西周真实史料。可补史之缺，是研究西周史最珍贵的文献，因此毛公鼎成为举世的瑰宝重器。

　　毛公鼎自出土后经历过无数次劫难，曾多次易主，真可谓是命运多舛。在那兵荒马乱的年代里，一些爱国人士为保护国宝也付出了高昂代价，终使国宝免遭厄运，流传至今。清道光末年陕西省岐山县董家村村民董春生在村西挖地时挖出了毛公鼎，古董商人闻讯而来，见鼎内密密麻麻的一大片古文字，知是宝鼎。即出白银300两欲购买，但同村村民董治官说此鼎出土地点位于他和董春生两家相交的地界上，也应得一份钱，使买卖没做成。古董商人回到县城后用黄金贿赂知县，将董治官罗织罪名抓捕入狱，鼎被弄到县上，被这个古董商出重金悄悄买走。咸丰二年（1852）毛公鼎被陕西古董商人苏亿年购得，运到北京。此消息被当时翰林院编修、著名金石学家，也是中国最有成就的大收藏家陈介祺得知，他即以三年的俸禄为代价买下此鼎，藏于秘室，经过深入研究写出了铭文考释文章和题记。毛公鼎在陈氏手上收藏了30年。他病故后，其后人又继续保藏了20年。直到20世纪初，清末重臣、两江总督端方倚仗权势将宝鼎强行买走。辛亥革命爆发后端方在四川被保路运动中的新军刺杀后其家道中落，端方之妾将毛公鼎典押给天津华俄道盛银行。至1926年前后北平大陆银行总经理谈荔孙认为国宝放在外国银行不妥，经端家同意，由谈荔孙代向道盛银行赎出，以较低利息质押毛公鼎于大陆银行。

在这期间，美、日列强商贾都垂涎毛公鼎，欲出巨款秘购。消息传出后，国内舆论哗然。民国时期任交通总长兼交通银行经理，财力雄厚的著名大收藏家和书法家叶恭绰得知，大为气愤，他索性变卖了自己私藏的其他文物，换购了毛公鼎秘藏在上海寓所懿园内。抗日战争爆发后，上海沦陷。他匆匆避往香港，未能带走他收藏的书画和宝鼎。这时叶氏在上海的一个姨太太潘氏意欲侵吞他在沪的家产，打起了官司。并把毛公鼎藏于懿园的消息透露给了日本人，闹得日寇三番五次前来搜查。叶恭绰得知此事，万分焦急。即刻发电报给他在西南联大任教授的侄子叶公超赴港晤商对策。他嘱告侄儿："美国人和日本人两次出高价购买毛公鼎，我都没有答应，现在我把毛公鼎托付给你。不得变卖，不得典押，更不能让它出国，有朝一日可以献给国家。"并委托他赴上海代为主持讼事。当叶公超到上海应诉时，潘氏已向日本宪兵队告密叶宅藏有宝鼎和珍贵字画。日本宪兵队当即前去搜查，万幸的是先搜出一些字画，和两支自卫手枪，使日本兵分散了注意力，至此宝鼎躲过一劫。但叶公超却因手枪之事被问以间谍罪入狱。在狱中日寇逼问毛公鼎的下落，使他受尽折磨，差点丧命。可他坚不吐实。为救侄儿脱身，叶恭绰秘嘱家人复制一个假鼎交出，并在香港多方托人将侄儿营救出来。叶公超出狱后终于在1941年密携宝鼎逃往香港，亲手将宝鼎完好无损地奉还给叔父。从此也留下了一段舍命护宝鼎的佳话。不久香港也被日军攻占，日本人胁迫叶氏出任伪交通总长，被他称病拒绝。为了安全，叶氏托德国友人将毛公鼎辗转运回上海。抗战胜利前，叶恭绰被日军押解回沪，他仍是称病不出，决不当汉奸。然而此时叶家一个庞大的家族全靠他一个人养活，十余年下来，全家人坐吃山空，生活极端困顿。只好靠变卖文物度日，到最后实在无奈之际，只能将毛公鼎典押给银行。

当时日军已节节败退，抗战胜利的大势已定。上海有一个商人陈咏仁为给自己留条后路，表示愿买此鼎，并保证在抗战胜利后捐献给国家。1946年陈咏仁如约将毛公鼎捐献给当时南京国民政府，隔年由上海运至南京，收藏于中央博物院筹备处。1948年国民党退守台湾，大量南京故宫博物院珍贵文物南运至台北，毛公鼎便在其中，现在成为台北故宫博物院的镇院国宝之一。

一代国宝毛公鼎问世以来，一直为学界所重视，不断有金石学家对其铭文考释研究。如：清吴式芬《攈古录金文》；清人刘心源《奇觚室吉金文述》；罗振玉《愙斋集古录》、《三代吉金文存》；邹安《周金文存》；郭沫若《两周金文辞大系图录考释》等均作了著录和研究。

毛公鼎铭文除了史料价值连城外，在中国古文字学与书法艺术上，也具有举足轻重的地位。通篇铭文依鼎布势，纵横有序。气势雄浑，结构匀称。行款有致，字体丰厚呈长方形。线条虽出于圆润，内中却蕴含着质实凝练，遒劲稳健，显示出西周金文已发展到极其成熟的地位。仅在书法艺术上的成就，也可谓震古铄今的杰作。

神秘王国的遗物——中山王罍方壶

战国时期，七雄争霸。在弥漫着烽火硝烟的北方大地上，有个来自太行山区的北狄鲜虞族在河北中南部（燕国之南，赵国之北）建立了一个侯国。这个国家拥有强悍的军队，号称"千乘之国"，和韩、赵、魏、燕四国同时称王。他在强邻的夹缝中顽强生存，后期不但一度周旋于七雄之间，还成为当时仅次于七雄的第八强国。并且创造了独具特色，辉煌灿烂的文化。然而沧桑岁月却湮没了他，中国的史籍也略缺了他，他就是被后人称为"神秘王国"的古中山国。从鲜虞族最早见于史籍记载，到中山国最终亡国，历时478年，几乎绵亘于春秋、战国。千百年来在民间曾经流传着不少动人的传说，在这片土地上也屡有大量战国时期的文物出土。

20世纪70年代中后期，河北省考古工作者经过一系列地考古调查和发掘，认定河北省平山县境三汲乡一带是战国中晚期中山国都城"灵寿城"故址和陵寝所在地，并发掘了两座王陵，随葬品共达一万九千余件。其中有大量孤品、珍品出土，令世人震惊。1978年夏，河北省文物部门特地在河北省博物馆举办了一个"战国中山国学术研讨会"，来自全国各地的考古、文字、文史专家们根据一号墓中的90余件有铭文的铜器，尤其是

中山王罍方壶

最引人注目的"中山三器"即中山王罍鼎、中山王罍方壶、嗣子圆壶三件铜器上的铭文。大家一致认定，这座中山王墓的主人名叫"罍（cuo）"，是中山国的第五代王。他所处的年代是中山国最强盛的时代，所出土的大批珍贵文物为研究中山国的政治、经济、文化、历史提供了极为丰富的资料，中山灵寿故城遗址也被列为全国重点文物保护单位。2000年3月被评选为"中国二十世纪100项考古大发现"之一。

辽河碑林在古代馆中选刻了中山

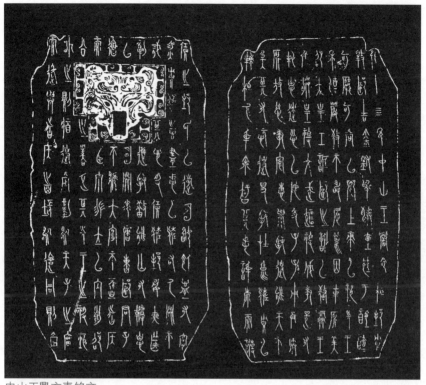

中山王罍方壶铭文

王罍方壶上的铭文，该铭文也是辽河碑林选取先秦时期的最后一件青铜器铭文。

中山王方壶呈方体，高63厘米、腹径32厘米，盝顶盖、直口平唇、短颈、斜肩、鼓腹、平底、方形高圈足，现藏于河北省文物管理处。这是战国中山国所常见的方壶形式，它在造型上的突出特点是使用了八条雕龙为装饰。在壶盖上有四个抽象的龙型钮，在壶肩四棱上各有一条昂首、独角、大耳、颈背生鬃、长尾的小龙，两侧腹上各有一浮雕的兽面衔环铺首，这些兽面和龙装饰的使用，为素面的壶体增添了活泼气氛，而龙身无繁缛的花纹与壶体协调相称，共同构成一种生动逼真、素雅明快之美感，从中可以看出多少还保留了某种程度上的戎狄之风，但已经汉化。这说明华夏文化与北方少数民族文化的融合。同时也显示出中山国的工匠们掌握了分铸法、失蜡法等高难度的青铜铸造技术和高超的工艺水平，才创造出独具特色、精美绝伦的青铜器来。

中山王方壶最受学术界珍视之处是它的四个光平的腹部上，用纤细的笔道，工整优美的篆书刻下的长达448个字的铭文。据史书记载，公元前316年，燕王哙听信厝毛寿等人劝告，把王位让给老臣相邦子之，引起了政治风波。齐宣王则趁机伐燕，并"毁其宗庙，迁其重器"。而从中山王方壶铭文中得知，当时中山国也参加了伐燕的战争，并占领大片燕国的疆土。在这次伐燕的战争中，中山国是与齐国联合作战的，但史书上却只字无载，中山王方壶等器的出土，弥补了史书的缺文。在燕昭王即位后第三年，也是中山国王十四年，王命令相邦司马赒选择从燕国掠夺的上等铜，铸造了中山王璺铜方壶，盛满祭祀上帝、祖先的美酒，用以纪念中山国对燕战争的胜利。赞颂中山国相邦司马赒的忠信和率师伐燕的功绩，谴责燕王哙让位于燕相邦子之，认为"臣主易位，逆天违人，故身死亡国"。并告诫嗣王要吸取燕王让位，引起内乱的教训，要警惕此类事件在中山国内发生，并阐明了为君治国之道。铭文中还记载了中山国先王的庙号，解决了史书中一直模糊不清的中山国王位世袭的问题。

春秋战国之际是社会大动荡的转变时期，由于长期分而治之，各国内部不同的地理环境，民俗风情所造成的特殊的文化因素日渐明朗，它们在不断的改变西周的文化传统。此时在青铜器铭文上也异体朋兴，出现了千姿百态的地域色彩和美术化的倾向。尤其这个时期受到俗体字的猛烈冲击，各国的金文也难免不受到影响，就是宗庙重器也羼入了一些简率的字体，中山王璺方壶及其他出土的铜器上的铭文明显地体现了这个时期的书法特征，在文字中也出现了繁简并用的现象。铭文篆书体态修长，匀称流畅。在字形中稍加适当的肥笔，形成了犀利隽美、装饰意味十分浓厚的艺术风格。中山国铜器铭文在战国铭文书体中可称别具一格，这也是中山国文字资料的首次发现，意义重大。

写在竹简上的司法文书——包山楚简

我国商周时期曾用甲骨、青铜器、玉石、陶埴等类物品作为记事的载体，后来又用丝帛、竹简和木牍作为书写材料。尽管从甲骨文、金文中已有"册"字的出现,(像若干简牍用绳子编联成卷为书册,那时是要用马车来盛装一捆一捆的书的)。但目前只出土过殷商时期的玉册,而同时期的竹木质的简牍尚无实物出土。迄今为止,我们所见到的简牍最早的是战国早期约公元前5世纪后半叶的简牍实物。据东汉许慎《说文解字》可知简为竹质,牍为木质。简牍所用的竹木,取材方便,价格较玉石丝帛低廉,所以使用普遍,流行的时间最长,直至公元四世纪以后才逐渐被纸张所取代。

近四十年来,伴随着考古事业的发展,在河南、湖北、湖南三省,战国竹简层出不穷,价值弥重。战国竹简以楚国最巨,1986年11月在湖北省荆门市十里铺镇王场村包山二号楚墓共出土竹简计444枚,有文字者282枚,总字数15000余字。最长简72.3厘米,最短简55厘米,宽0.6—1厘米,厚0.1—0.15厘米。简上大部有纪年,自公元前322年至公元前316年,当在楚怀王时期。按竹简文字内容可分为官府文书、卜筮祭祷纪录、遣策三个类别。每简文字不等,最少两字,最多达92字,一般在52—60字,视内容而书。官府文书是楚国中央政府留存下来的各种司法记录,是由若干位官吏书写的,字体多数比较潦草,有明显的急就风格。

辽河碑林选择包山楚简官府文书类《集箸》中的部分内容上石(按出土编号为第十二、十三号简)。《集箸》即《集著》,墓中共出土13枚

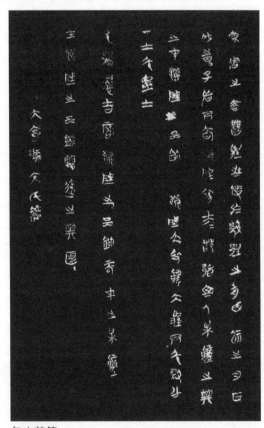

包山楚简

简，是有关查验名籍的案件记录。此两枚竹简所记案件的关键是看"有典"，"无典"即所执之人在谁的名籍上。原告强调自己有典，而对方无典。左尹（官名）命令漾陵大宛等县一级的长吏调出了诉讼双方的典籍，经审查、核实部室人呆鹰的名册确是"在漾陵之三玺间御之典匮"。简文中的漾陵应是地名，虽未直接见于文献记载，不过学界大致有两种观点：一种认为是在今河南宝丰与郏县间；另一种以裘锡圭先生为代表的认为在今河南沈丘县东。战国初期的楚惠王时，该地单称为"养"，后来置"养陵县"。因为《说文解字》谓"漾"，古文从"养"，典籍中也有二字相通假的例证。这些先秦典籍对研究战国历史及文字具有重要意义，学者据此来印证楚世族源传说、发覆楚史制度、考稽历法、建说官制、比察名物、释证地理，尤其是"集箸"中记录了大量的民、刑事案件，为我们了解楚国民事法律活动的状况，研究法律制度提供了宝贵的资料。

包山楚简是用毛笔书写的，楚笔是迄今出土最早的毛笔。其制法是将毛笔围在笔杆四周扎紧，笔锋长，中间空虚，书写时只能用弹性的笔尖部分。根据字迹判断，当时的书写者是在已编连成卷的竹简上书写。一手持简，一手执笔，手腕紧贴竹简，所以字迹具有左低右高，向左倾斜的现象。书写人在行笔的过程中也变化多端，楚简文字的点画都是笔尖按下后，顺笔朝不同方向摆动和扭转。起笔稍粗，收笔处较尖，圆转处刚健而有弹性。楚简文字无折笔，所有转折笔画均以圆转之笔书之。楚简的结体欹侧多变，线条流畅，婉转圆劲的书法风格形成了一种神秘奇诡，浪漫潇洒的气息。这是楚人崇尚巫筮的原始宗教及楚人崇凤，以凤鸟为图腾的部族意念积淀在书法艺术上的一种反映。总之，包山楚简风格极为多样：有雄强恣肆、粗狂豪迈之风骨；也有端严俊逸、神彩爽朗之韵意；还有清俊超拔、放旷萧散之豪气；更有整饬美观、简静淡远之趣味。尤其是辽河碑林上石的第十二、十三简更是纤巧柔美，娟秀细腻。与西周金文和先秦石鼓文相比显示出一种阴柔之美。

先秦史诗——石鼓文

石鼓文是我国传世最早的石刻文字，共有十件。每件都是镌刻在
一个上圆底平，像馒头一样，石质坚硬的青黑色花岗岩天然石块上，直
径约一尺，高约二尺余，这种形制的石刻应当称为"碣"，明代郭宗昌曾
将它正名为"石碣"。而每个鼓上都刻一首与《诗经》格律风格相近的四
言诗，记述的主要内容是春秋战国时期秦国国君游猎之事，故也称"猎
碣"。其形如鼓，因此被最早发现它的唐代文人称作"石鼓"。

石鼓文具体的出土时间现在无法确认，但据《元和郡县图志》卷二：
天兴县条下记载可知，唐代初年在陕西省天兴县南（今陕西凤翔）出土。
已经中唐时期著名文人韦应物、韩愈分别作《石鼓歌》以宣传，才使它名
声大振。唐贞元年间郑余庆将石鼓移置凤翔夫子庙中保存。五代时期多年
战乱不止，石鼓又散失在民间，有的甚至被凿成石臼。北宋时司马池就任
凤翔府尹，才设法收回其中九件，重新移置府学中。皇祐四年，向传师找
到缺少的最后一件，补足十石。由于北宋皇室酷爱金石收藏，下令将石鼓
送至东京汴梁（今开封）。大观年间移入汴梁国子辟雍，后又移入保和
殿。宋徽宗又用金字填入字中，表示不再复拓。但是金国破宋入汴后，将

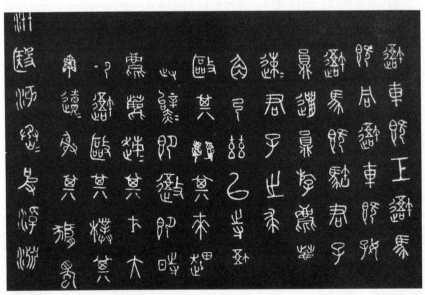

石鼓文

石鼓和其它宫中珍宝一起移到燕京（今北京），并剔走金字，致使文字残损。清朝乾隆十五年，高宗皇帝下令将保存在国子监的原石鼓设置重栏加以保护。并又新仿制了十个石鼓，也放在国子监里，允人随意椎拓，以广泛流传于世。从此，石鼓文就有了新、旧两种，后人称原石鼓为旧石鼓，仿者为新石鼓。旧石鼓除在抗日战争中被运往西南保管之外，一直没有离开北京。现藏北京故宫博物院。

石鼓原刻有文字七百余字，由于历代椎拓，兼以风化，已经残破十分严重，据统计现十石仅存二百七十余字。所以，了解石鼓文原貌必须依靠原石拓本。石鼓文早在唐代就有拓本，只是未流传下来，唐以后有北宋拓、元拓、明拓、清拓、民国拓与近代拓，多得无法统计。传世最好的拓本是明代锡山安国"十鼓斋"所藏的北宋三拓本，即《先锋本》、《中权本》、《后劲本》。依据三本相核对，尚存488字（重文44字，残文15字均不记在内）。民国时期锡山人秦文锦把这些珍贵的宋拓本卖给了日本人，从此，石鼓文的善拓本就背井离乡，远涉重洋，变成日本人手中的宝贝了。

一千三百余年来，历代文人墨客专家学者对石鼓文的著录、歌咏、音训、注释等研究经久不衰，有关石鼓内容、文字释读、排列顺序、出土地点、刻石年代、拓片真伪、史料和艺术价值等诸多方面的探讨与争论也一直不休，一件文物能在我们这个文物大国受到如此殊荣，实属罕见。自20世纪始，商务印书馆、文物出版社、上海艺苑真赏社、中华书局、日本二玄社、日本骎骎堂均有《石鼓文》的影印本。辽河碑林则是选用日本二玄社影印北宋拓本上石，以供参观者欣赏。

关于石鼓文的定名，为了研究方便则依据刻石现存文字的头两个字作为篇名。但在排列顺序上，由于研究观点的不同，始终未得到共识。依照郭沫若先生的意见，它们分别为（一）汧殹（qian yi）、（二）霝雨（ling yu）、（三）而师、（四）作原、（五）吾水、（六）吾车、（七）田车、（八）銮车、（九）马荐、（十）吾人。在这些石鼓中最大的銮车鼓高60厘米，周长235厘米，重550公斤。最小的田车鼓及半残的作原鼓重300公斤，其余的七鼓均在400公斤左右，所以康有为称其为"中国第一文物"。

石鼓文的产生年代是近千年来争论不休的问题，唐代学者多把它说成是西周器物，金代人又认为它是北周时的刻石，清代余正燮认为它是北魏太平真君七年西征盖吴时的刻石，近代学者基本倾向判断石鼓为春秋战国时的器物，但具体意见不一。马衡、郭沫若、马叙伦等主张春秋时期，提出秦文公、秦穆公及秦襄公八年等看法。唐兰主张战国时期，提出秦献公十一年等说，但任何一种判断都未得到学术界的一致认可。

早在西周时期，"田猎"是天子、诸侯军事演习借助的手段，到了春秋战国初期，"田猎"的性质及功能则发生了变化，逐渐由军事活动变成单纯的游乐了。石鼓文其内容丰富，诗句优美，可谓是先秦的史诗。文中所记载秦国的"田猎"还是兼具军事训练及娱乐活动的。当时秦国在社会经济结构朝着农业型社会变革之时，渔猎自然也是一种重要的生产方式，石鼓文的内容也向我们展示出春秋时期秦国鲜活的渔猎生活面貌。

以汧殹（qianyi）篇为例。这是一首赞美秦地水力丰沛，水产丰富，秦人渔猎生活的诗文，大意是：汧河啊！源远而流长，注满了沼泽的地方。深渊泱泱，是鰋、鲤居住的安乐乡，是公卿们理想的捕鱼场。在回旋的浅濑中，小鱼们穿梭翩翩，白色的鳞光闪烁。适时捕捞腌渍起来，味道该有多么鲜美！肥美的鳗鲤，白肚黄脊；更有鲂有鲌，把它们做成肉羹，要供几许筵席？刳割那丰脂的鱼肚，汗漫淋漓地博索。这是什么鱼啊？是鱮是鲤，怎么装走？啊！快去采集柳杨柔条，编织鱼篓。

余者九首诗的大意分别是："霝雨（lingyu）"篇叙述雷雨甘霖，趁雨后汧河水涨，将士们乘船渡河伐晋，以报复"殽古战役"之败绩的情景；"而师"篇是称颂秦惠文王三年"王冠"初称王，嗣王位之事；"作原"篇记叙了晋国献出河西八城后，秦对新领地人民采取恩威并施的统治方法，并树立嘉石以纪颂之；"吾水"篇是歌颂秦推行新政后，政绩清明，家邦安定。把这些卓有成效的治理措施，树此嘉石，为民守则。并会诸侯去朝觐周君，祝愿天子永远康宁；"吾车"篇是赞美秦国的公卿、大夫驾轻车、御骏马、挟持精弓良失狩猎，巡游，猎物丰盛，其得意洋洋的场景；"田车"篇记叙春秋初年，秦襄公助周平王东迁时被封为诸侯，并承平王赐给岐、丰之地，后定都于雍（今陕西凤翔南）。秦穆公执政后与晋惠公夷吾鏖战时，吴阳鄃畤三百人为报秦军之恩，生俘晋惠公。秦穆公本想杀之，但因周襄王说情，与夫人衰絰（die）跣请，乃释晋惠公，并与之结盟。晋惠公送太子圉到秦国为质子，并将黄河以西的地方献给秦国。石鼓上面所刻内容为此纪实记功之辞；"銮车"篇叙述君主出猎，卫士强弓，护卫如屏。銮车人马驰骋于高原沃野，猎物丰厚的景象；"马荐"篇描述秦地雨水充沛，草木繁盛，利于畜牧；"吴人"篇讲述了秦穆公曾出巡而走失骏马，他亲自去找。看到吴阳野人已把骏马杀了，正在一起吃马肉。穆公对他们说："这是我的马"，这些人非常恐惧。穆公又说："我听说食骏马的肉但不饮酒会死人"，于是给他们酒饮。杀马人饮酒之后，皆惭愧而去。三年后，晋国攻打秦穆公，并围困穆公于韩原。以前那些杀马吃肉的人相互说："可以出死相报食马得酒之恩矣。"于是击溃了包围秦穆公的晋军，在韩原战争中拼死救出穆公，生获晋惠公凯旋而归的史实。

石鼓文是先秦时流传的仿效《诗》的体裁，赋予追颂先德的一种新型记事文体，它朴实无华，开门见山地表述事物的本意，是我国先秦不朽的史诗，也是我国最早的石刻文字，被学者称为"石刻之祖"，在中国的文字发展史和书法艺术史上都有重要意义。

西周后期，周宣王命太史官收集古文制订新字，称为篆书。因太史官名籀，故又称籀文。当时列国通行的是各自发展的古文，而籀文只被兴起于西方、吸收周朝文化最多的秦国所用。它表现出秦国使用的文字变化较少，不如东方六国文字在形体上变化迅速。秦统一六国后，命宰相李斯以秦文为基础，省减籀文，改革旧字，而有秦篆。为有所区别，周朝的篆书称大篆（籀文），秦朝的篆书称小篆。由于籀文已无迹可考，而且使用年代在秦始皇统一天下之前约153年，因此书体近似籀文的石鼓文就更加珍贵了。石鼓文上承籀文，同纵三横二比例、规规矩矩的秦始皇刻石（小篆）比较起来，显得自由许多。被历代书家视为习篆书的重要范本，历史上多位篆书名家如秦朝李斯、唐朝李阳冰、清代杨沂孙、吴昌硕等就是主要得力于石鼓文而形成自家风格的。

石鼓文的书体介于古文与秦篆之间，它保留着甲骨文、金文的结构与笔势，却比甲骨文、金文大大简化。象形性减少，抽象性增加。可以说是上承西周金文，下启秦代小篆，是由大篆向小篆衍变而又尚未定型的过渡性字体。它的书法风格更趋方正丰厚，用笔起止均为藏锋，圆融浑劲，典雅而庄重。结体促长伸短，匀称适中。笔画疏密有致，圆健凝练，古茂雄秀，冠绝古今，康有为曾赞誉"为篆之宗"。

中国运河碑林

秦帝国的珍贵遗迹——泰山刻石

"泰山"之称最早见于《诗经》，古代又称岱岳、岱宗。"泰"意为极大、通畅、安宁。"宗"为长也，言为群岳之长。泰山突兀地立于齐鲁大地上，同衡山、恒山、华山、嵩山合称五岳。因泰山地处东部，因此又称为"东岳"。几千年来泰山已成为历代帝王封禅祭祀的神山，因而又享有"五岳之首"、"五岳独尊"的称谓。泰山封禅是古代祭祀天地的最高规格，《史记·封禅书》曰："自古受命帝王，曷尝不封禅？"也就是说古代帝王总是以天命神授而自命天子，受命天子"功成治定"之后，必须以最隆重的仪式来答谢天地，即为"封禅"。（"封"指祭天，"禅"指祭地。）而这种最高仪式就是登临泰山，祭祀天神；到泰山东南麓的梁父山上（今映佛山）辟基祭地。相传历代帝王、君主封泰山则必禅梁父，故梁父山也有"地神"之称。司马迁《史记·封禅书》中也记载了古代帝王封泰山、禅梁父者有七十二家。

秦统一中国后，秦始皇认为自己名盖三皇，功过五帝，自然应该彰显功德于世。因此，从公元前219年至公元前210年的九年中就大规模地出巡过五次。其中有四次是东巡鲁地（今山东境）。其原因应该是东方的齐、鲁、燕三国是秦朝最后征服的地区，也是当时反秦势力最突出的地方，他要以出巡的方式来威服海内，以显示国力的强盛。另则为解决北方匈奴外患之忧，他大量派兵征讨，为确保军旅粮饷供给充足，就必须加强对齐鲁一带经济区域和东方沿海交通要道的绝对控制权。秦始皇巡游各地

秦泰山刻石

时，随行众臣皆歌颂其功德，并将功德铭文刻于山石之上，以进行祝祷。现存可知的秦刻石文辞共有七篇，它们是：峄山、泰山、琅琊台、芝罘、东观、碣石和会稽诸山刻石。

"泰山刻石"于公元前219年秦始皇东巡郡县，登泰山时所立。其石为形制不规则，四面宽窄不等的天然巨石，石高四尺五寸（当指露在地表上的尺寸），故又称为"石碣"。原石四面都有文字，字径约6.1厘米，其中三面是公元前219年秦始皇东巡泰山时所刻诏书，计144字，另一面是秦二世胡亥即位第一年（前209年）镌刻的诏书与从臣的姓名。总共22行，每行12字，两刻辞相传均为李斯所书。

据清道光八年（1828年）《泰安县志》载，宋政和四年（1114年），刻石在岱顶玉女池上，可认读的有146字，漫灭剥蚀了76字。明嘉靖年间，北京许氏将此石移置碧霞元君宫东庑。当时仅存一面文字，为李斯等上秦二世奏文四行29字，即"臣斯臣去疾御史夫臣昧死言臣请具刻诏书金石刻因明白矣臣昧死请"。清乾隆五年（1740年）碧霞祠毁于火，刻石遂失。嘉庆二十年（1815年）泰安旧尹蒋因培带领同邑柴兰皋在山顶玉女池中搜得残石两块，尚存秦二世诏书10个残字，即"斯臣去疾昧死臣请矣臣"，也称"泰山十字"，遂将残石嵌于岱顶东岳庙壁上。清道光十二年（1832年）东岳庙墙坍塌，泰安知县徐宗干"亟索残石于瓦砾中"，并嘱道人刘传业将残石移到山下，嵌置在岱庙碑墙内，并写跋记其经过。光绪十六年（1890年）石又被盗，县令毛大索十日，寻得残石于城北门桥下，后将其重置于岱庙院内。宣统二年（1910年）知县余庆澜为防刻石遭风雨剥蚀，在岱庙环咏亭造石屋一所，将"泰山刻石"及徐宗干的跋和自己写的序共三石嵌于石屋内，周围加铁栅栏保护起来。1928年迁于岱庙东御座内，又修筑一座门式碑龛，将以上三石垒砌其中。新中国建立后，文物部门于碑龛正面镶嵌玻璃墙加以保护。纵观"泰山刻石"历尽千年磨难，真是命运多舛！幸运的是，千百年来多得爱国人士倾力保护，今天才能流传于世，供人们欣赏与研究。

"泰山刻石"原文内容是称颂秦始皇统一中国的丰功圣德，以及统一后所推行的各项改革措施的效果。虽多溢美之词，但可从中看到秦王朝统一中国以后所发生的巨大的社会变化及其重要的历史作用。文章是以四字为句的韵文写成，文辞整饬简洁，读来朗朗上口，是秦文学的独创。现在文字已经毁失。1978年泰安市博物馆依据《史记·秦始皇本纪》及相关文献资料将刻石原文复制立于岱庙后寝宫。大意是："治道远行，诸产得宜，皆有法式。大义休明，垂于后世，顺承勿革。皇帝躬圣，即平天下，不懈于治。夙兴夜寐，建设长利，专隆教诲。训经宣达，远近毕理，咸承圣志。贵贱分明，男女礼顺，慎遵职事……"这说明了秦始皇是一个"天下事无小大皆决于上"非常勤政的君主，面对刚刚统一的大国，他统一度量衡、文字、货币；统一法度、推行法治；推崇政教、以"常道"教育百姓，从而达到治国安邦的目的。

"泰山刻石"历代多有摹刻拓本，其中以29字拓本和10字拓本较为常见。传世拓本当以明朝无锡人安国所藏的两个宋拓本为最早，其一为李介人所藏，计存165字，此藏本于1940年被日本人中村不折购买，上海艺苑真赏社、日本《书苑》、日本二玄社《书迹名品丛刊》等均有影印。另一本为朱才甫所藏，存53字，亦流至日本，上海艺苑真赏社、日本骎骎堂曾影印。

辽河碑林所选的是上海艺苑真赏社于民国八年影印的安国所藏53字拓本，即原刻石之南面七行现仅存51字的秦二世诏书镌刻上石。后边有嘉靖癸未三月四日安国的跋文，可知原藏本就是朱才甫的旧藏本。

"泰山刻石"的书法是秦统一后的标准小篆书体，传为秦丞相李斯所创、所书。其结构特点直接继承了《石鼓文》的特征，比《石鼓文》更加简化和方整。体呈长方形，书法严谨浑厚，疏密适宜。字形左右对称，修长婉转。线条圆健似铁，横平竖直，外拙内巧，给人以端庄稳重的感受。唐张怀瓘称颂李斯的小篆是"画如铁石，字若飞动"、"骨气丰匀，方圆妙绝"。此石刻有极为重要的历史价值和艺术价值，是国家一级文物藏品。

惊世大发现——睡虎地秦简

睡虎地这一特异地名，也许会让人们联想到这里可能是藏龙卧虎之宝地。它地处湖北省云梦县境的古云梦泽西南边缘。那里有一座拔地而起的伍家山，它犹如一条巨龙腾空而起。睡虎地就是伍家山山脉绵延处的一个山嘴，地势高眺，形同卧虎，被当地人称为睡虎地。

1975年冬天正值全国掀起农业学大寨高潮，云梦县城关公社农民在睡虎地山嘴下平整土地，大搞农田水利建设。一天收工后，肖李村青年农民张泽栋和同伴在新挖的水渠底偶然看到一些青膏泥，他一下子就联想到以前曾参观过考古工地，见到过这种密封棺木用的青膏泥。认为这地下很可能有古墓，于是抢起锄头挖了几下，渠道里便现出了木椁盖板的一角。"这里有文物！"他俩顾不得回家，飞快地跑到县文化馆去报告，云梦县委立刻就对古墓采取了有效的保护措施。湖北省博物馆的专家们也及时地带领考古队员来到睡虎地进行了科学勘测和初步试掘，在30米长的地段内明显地暴露出12座古墓，根据墓葬形制和已出土的零星文物断定，这里很可能是战国末期秦国至秦始皇时代的墓葬地，这些墓较密集地分布在睡虎地山嘴上。

就在这年的12月18日至29日，考古人员发掘了编号为11号的墓葬。这是一座长方形竖穴土坑墓，墓口东西长4.16米、南北宽3米、深5.19米。墓中有棺椁，椁内有棺室和头箱。头箱内葬有七十余件漆器、竹木器、陶器、铜器等。棺内随葬竹简，并发现有毛笔、玉器、漆器。竹简分八堆，散置于尸骨头部、右侧、足部和腹部，同时还随葬有粮食、肉食品和瓜果等。墓中出土的毛笔笔杆为竹制，笔毛包扎在竹竿外周并裹以麻丝，外加鬃漆。亦有的在竹竿端部凿成一腔，以藏纳笔头。整支毛笔装入一个和它等长的细竹筒内，筒中间两侧镂有8.5厘米的长形空槽，以便取用毛笔。竹筒鬃以黑漆，并绘有朱色条纹，这是迄今为止我们所见到的秦代毛笔的实物。

经清理，11号墓棺中共出竹简1150余枚，绝大部分保存完好，一般简长为23.1～27.8厘米、宽0.5～0.8厘米，简文为墨书秦隶，近四万字，所反映的历史长达100余年，早到商鞅变法，晚到秦始皇三十年，字迹清晰可辨。

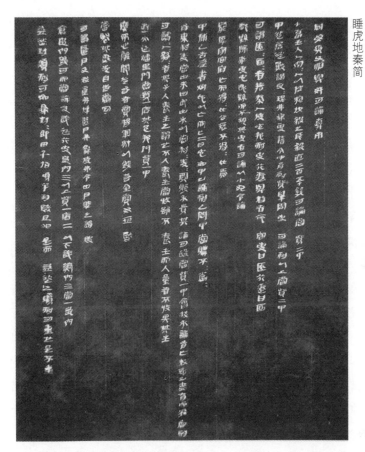

睡虎地秦简

有的竹简两面均有墨书文字，但大部分只书于篾黄上。简的上、中、下有
三道残存的绳痕，可知当时是以细绳分三道将一枚枚竹片编辑成册的，出
土时绳索已经腐朽，竹简大部分散乱成堆，已不见原来的编撰顺序。

考古人员小心翼翼地将竹简拍照、登记、清洗，并电告国家文物
局。很快著名的考古、古文字学家李学勤先生和相关的专业人员从北京赶
到云梦，奋战了20多个日夜。经过专家们认真地整理、编纂、研究，基本
确定了这批竹简的顺序和基本内容。它们都是文件和书籍的抄录本，可
归纳为《编年纪》、《语书》、《秦律十八种》、《效律》、《秦律杂
抄》、《法律答问》、《封诊式》、《为吏之道》和《日书》共计九种。
其中《语书》、《封诊式》、《日书》原有标题，《效律》原仅有"效"
字标题，其余各书系云梦秦简整理小组所拟定的标题。

《编年纪》共52简，记述了从秦昭王元年（前306年）到秦始皇三十

年（前217年）的历史及墓主人生平经历。它是继三世纪《竹书纪年》之后出土的战国编年史，从中可以了解秦统一六国战争的全过程；《语书》共14简，前八简是秦始皇二十年四月南郡守腾颁发给所属县、道啬夫的文书，后六简是南郡命所属各县书曹对吏实行考绩的条文，文意与前八简相呼应，可能是前者的附件。

法律类有《秦律十八种》、《效律》、《秦律杂抄》、《法律答问》（自秦始皇时便命商鞅更"法"为"律"）和《封诊式》。《秦律十八种》共202简，每种条文均为摘录。其内容涉及：农田水利、山林保护、畜牧饲养、禁苑林囿、国家的粮食仓储及保管发放、货币流通、市场交易和管理、手工业生产及定额的管理、徭役征发、规定司空职务、军功爵、设置任用官吏、核检官府物资财产及度量衡管理、驿站传饭食供给、公文传递、内史掌治京城及畿辅地区馆员职责、廷尉职责、管理所属少数民族及邦国职务；《效律》共61简，内容包括：对核检县和郡官物资账目，对兵器、铠甲、皮革等军备物资的严格管理，对度量衡的制式、误差都作了明确的规定；《秦律杂抄》共42简，是墓主人生前抄录的11种律文，其中关于军事相关的律文较多；《法律答问》共210简，相当于现在的法律解释；《封诊式》共98简，"式"最早出现于秦国，是关于调查案件、验实案情、审讯定罪等文书程序和审理案件具体守则的汇编；《为吏之道》共50简，内容庞杂，主要是儒家的处事言论，用来训诫官吏教令类的杂抄。其中还抄录了战国晚期魏国的一段《户律》和一段《奔命律》，当时可能也适用于秦国的法律活动，这对于研究战国时各国的社会情况很有帮助；《日书》共425简，分别为甲种和乙种，但内容相似，为术数书。是预测吉凶祸福、讲时日禁忌的书籍。甲种《日书》还载有秦、楚两国纪年对照，它们是研究"五行"学说和当时社会生活的重要资料。

睡虎地秦简从书体、内容和其中多处避秦始皇名讳得知，简文系多人书写，有的写于战国晚期，有的写于秦始皇时期。中国最早的见于文献记载的成文法典当是战国初年魏文侯时相国李悝制定的《法经》，而秦律则是以《法经》为蓝本。但遗憾的是，无论是《法经》还是《秦律》都已经失传。目前人们能够见到完整保存下来的古代法律应以唐律为最早。隋代以前的律文过去虽有人辑录研究过，也不过是一些零章断节，而对秦朝的法律制度更是了解甚少。睡虎地11号墓大批秦国法律简文的出土，彻底改变了这一状况。这批秦简所记载的秦律内容远远超出李悝《法经》的范畴，已具备刑法、诉讼法、民法、军法、行政法、经济法等方面的内容，其中刑法最为成熟。这是我国迄今发现的最早、最完整的法典，它的发现是中国法制史上的一件大事，在世界法制史上也占有重要的地位。

从竹简《编年纪》中我们得知睡虎地11号墓的主人名叫"喜"，生于秦昭王四十五年（前262年），死于秦始皇三十年（前217年），享年45岁。在秦王政元年，"喜"年仅17岁就已登记名籍，为秦国服徭役了。尔后历任过安陆御史、安陆令史、鄢令史、治御鄢等与刑法有关的低级官吏，他在秦王政三年、四年和十三年曾三次从军，参加过多次战争，到过秦的几个郡县，最后亡于任上。他亲身经历了始皇帝亲政到统一六国的整个过程。"喜"生前也任过县令史（县令属下小吏），参与过"治狱"。出土的竹简应是"喜"生前从事法律活动而抄录和收集的有关法律文书，主要抄录了常用的行政管理与"治狱"方面如刑事、经济、民事和官吏管理的法律条文。

辽河碑林仅选了《法律答问》及《效律》中部分条款在古代馆和二门碑廊镌刻上石。《法律答问》主要是解释秦律的主体部分（即刑法）和关于诉讼程序的说明。由于商鞅所定秦法以李悝《法经》为蓝本，分《盗》、《贼》、《囚》、《捕》、《杂》、《具》六篇。《法律答问》的解释范围与这六篇大体相符。它们是朝廷和地方主管法律的官员对律令所作的权威性解释，与法律条文一样具有普遍的约束力。出土秦简中所载《法律答问》共有187条，多采用问答形式，对秦律的某些条文、术语以及律文的意图做出了明确解释，是对秦代律令条文的重要补充。

碑林所刻内容中有一类是有关对郡县官吏和军队管理的：例如（原文）"郡县除佐，事它郡县而不视其事者，可（何）论？以小犯令论。"意思为郡县所任用的佐，在其他郡县做事而不到任管理职务的，如何论处？按轻微的犯令论处；（原文）"广众心，声闻左右者，赏。将军材以钱若金赏，毋（无）恒数。"意思为能振作士气，使将军知道他的名声的人，应予赏赐，由将军酌量赏给钱或黄金，没有固定数目。

另一类是有关户籍、土地分配和徭役纳赋的：（原文）"甲徙居，徙数谒吏，吏环弗为更籍，今甲有耐，赀罪。问吏可（何）论？耐以上，当赀二甲。"意思为甲迁居，请求吏迁移户籍，吏加以拒绝，不为他更改户籍。如甲有处耐刑，罚款的罪。问吏应如何论处？甲罪有耐刑以上，吏应罚二甲；（原文）"盗徙'封'，赎耐。可（何）如为'封'？'封'即田千佰，顷半（畔）封殹（也），且非是？而徙之，赎耐，可（何）重也？是，不重。"意思为私自移'封'应赎耐。什么叫'封'？'封'就是田地的阡陌。百亩田的田界是算作'封'，如私加移动，便判处赎耐，是否太重？算作'封'，判处并不算重；（原文）"可（何）谓'匿户'及'敖童弗傅'？'匿户'弗繇（徭）使弗令出户赋之谓殹（也）。"意思为什么叫'匿户'和'敖童弗傅'？就是隐藏人户，不征发徭役，不加役使，也不命缴纳户赋；还有一类是有关国家粮食储藏、保管和发放的规定：（原文）"有禀菽（菽）、麦，当出未出，即出禾以当菽（菽）、麦，菽（菽）麦贾（价）贱禾贵，其论可（何）殹（也）？当赀一甲。会赦未论，有（又）亡，赦期已尽六月而得，当耐。"意思是告发给豆、麦，应发的没有发，而发谷子来顶替豆麦，豆麦价贱而谷子价贵，应如何论处？应罚一甲。由于遇到赦令而没有论罪，又逃亡，赦令限定日期已过六个月才被捕获，应处以耐刑。（原文）"仓鼠穴几可（何）而当论及讠宰？廷行事鼠穴三以上赀一盾，二以下讠宰，鼹穴三当一鼠穴。"意思是仓里有多少鼠洞就应论处及申斥？按成例有鼠洞三个以上应罚一盾，两个以下应申斥，三个鼹鼠洞算一个鼠洞。

在秦律中关于粮食储备管理占了相当大的篇幅，从粮食的收藏到加工、使用都制定了详细的法令。凡粮食入仓即登记石数，并注明仓啬夫、佐、史、廪人等仓库管理人员的姓名，共同加以封印。粮食出仓，也要经过同样手续。如果出现亏空，隐匿不报或者移赢补亏，与盗窃同罪。如果保管不善使粮食损坏而无法食用，不满百石以下，斥责官啬夫，百石以上到千石，罚官啬夫一甲，过千石以上，罚官啬夫二甲。令官啬夫、冗吏共同补偿腐败禾粟。不但大量粮食亏损要受到惩罚，即使少量耗损也不行。例如在《法律答问》中解释的，如果仓库里有三个以上老鼠洞，就要罚一盾。严密的仓库保管制度减少了粮食储藏过程中的贪污和损耗现象。仅从这个侧面就反映出秦统治者的重农思想。

在《法律答问》中很多地方提到"廷行事"，"廷"指廷尉官（法官）。"事"是指可履行的判决成例。反映出秦朝的执法者以判案成例作为依据来审理案件在当时已经成为一种制度了。

睡虎地秦简是秦人保留下来的珍贵墨迹，简文均用墨书，书体为秦隶。在发现这批秦简之前书法界一般认为"隶书"就是指"汉隶"，秦朝只通行篆书。秦简的出土填补了秦朝书法真迹的空白。通过秦简不但可以认识秦隶的真面目，还可以知道隶书实际上在战国时代，至少在战国晚期的秦国就已经初步形成了。所谓程邈作隶书，应该理解为程邈对当时民间流行的这种新字体作了一些整理、总结的工作。在这批秦简中大部分字的笔画有明显的起伏变化，特别是其中的波势已初步具有了汉隶的笔意。虽还未有汉隶平整、扁方的结体和蚕头燕尾的讲究，但已经是从篆书的立式结体逐渐转化为横式的结构，在用笔上明显使用了隶书之提按转折方法。这批秦简大部分是在一支简上直书到底，也有个别的简是分上下两段甚至分成五段书写。其字形为长方、扁方等不拘，笔划饱满生动，欹斜相依。肥瘦相间，刚柔相济。气势连贯，纵横奔放，形成质朴而俊朗的书风。

秦统一六国文字以后，处于主导地位的当属篆书。随着社会的发展和文字的沿革，隶书以其简易、方便和应用范围广而居于主流。《秦简》恰恰是这个转变过程中的一种秦隶书体，它的出现，为后来日臻成熟的汉隶开了先河。它上承大篆，下启汉隶，起着承前启后，继往开来的作用。

在云梦睡虎地沉睡了2000多年的秦代竹简如醒虎出世，震惊了全国乃至全世界，从而使"云梦"、"睡虎地"名称蜚声中外。这批秦简内容非常丰富，反映了中国从诸侯割据向中央集权转变时期的政治、经济、军事、法律、文化等方面的情况，是我们研究中国封建社会这一重要时期的可信史料，也是校核古籍的重要依据。竹简一经面世即被历史学家、考古学家、文物专家以及整个学术界誉为"具有划时代的意义"，被列为建国50周年全国十大考古发现之一，现藏于湖北省博物馆。

震撼世界的古代典籍——马王堆帛书

1972年的冬天，在位于湖南省长沙市东郊一个叫马王堆的地方，发生了一件震惊世界的大事，这就是由中国科学院考古研究所和湖南省博物馆联合对马王堆墓葬的考古发掘工作。他们相继于1972年发掘了一号墓，1973年至1974年又发掘了二、三号墓。由于二号墓破坏严重，墓中仅出土了"长沙丞相"、"轪侯之印"的铜质阴文篆刻和玉质阴文篆刻的"利苍"字样的三刻明器官印。而一号墓的密封防潮程度极好，因此墓主人尸体以及随葬品都保存完好。该墓中的女性尸体年约50岁左右，据墓内出土的"妾辛追"字样的名章，可以断定是利苍的妻子轪侯夫人。三号墓主人的遗骸属三十多岁的男性，墓中出土一件木牍，上有"十二年十二月乙巳朔戊辰"等字，标志着该墓的下葬年代为汉文帝十二年。经过湖南省博物馆研究员傅举有和国内外众多位同行们的多年倾心考证，基本认同该墓的主人应是利苍的儿子第二代轪侯利豨。这三座墓葬的发掘充分证实了这里是西汉初期长沙国丞相轪侯利苍及其家属的墓地。

在马王堆西汉墓中出土有彩绘帛画和大批木俑。大量的丝织品，其中包括：绢、纱、绮、罗、锦、各种绣品、缯帛；服饰包括：单、夹棉袍，裙、袜、手套、香囊、巾、袄；乐器包括：二十五弦瑟、二十二管竽和十二支一套的竽律管、七弦琴、六孔箫；彩绘漆器包括：鼎、匕、盒、壶、钫、卮、耳杯、盘、匜、奁、案、几、屏风；在30多个竹笥内盛满了各种烹制的肉食品、谷物、果品、香料，尤其还有大量的遣册简、医简和帛书。这些丰富的出土遗物为我们研究西汉初期手工业和科学技术的发展，以及当时的历史、文化和社会经济、生活等方面提供了极为重要的实物资料。

马王堆汉墓中出土的大批帛书是中国考古学上古代典籍的一次重大发现，当时由于帛书不如竹简普及，埋在地下又容易腐朽，所以在以往的考古发掘中，发现的帛书极少，这次马王堆三号汉墓中帛书的出土让众人大开了眼界。但这批帛书出土时都是泡在水里的，很多地方出现破损，有许多残片，不少文字已无法辨认。出土后专家组对其进行了整理、释读，取得了很多成果。

帛书的载体是帛，帛是用于书写的丝织品的一个通称。清代汪士铎曾专门写有《释帛》一文，将帛细分为60个品种。帛在很早就是帛书的代称。马王堆帛书的质地都是平纹绢，绢面平整细密，大都呈黄褐色，也有呈深褐色，幅宽为48厘米左右。高度有整幅和半幅两种，整幅高约48厘米。帛书在书写之前有的先用朱砂画好界格，也称为"朱丝栏"，然后写上字，有的则不画行写。除了个别的字用朱砂书写外，大部分是用墨书写就。这批帛书除了极少数卷在二、三厘米宽的竹、木条上，绝大部分是折叠后放在一个长方形的大漆匣中。出土时卷在木条上的帛书粘在一起，打开时破损严重。折叠的边缘也有不同程度的断损。经过细心修复、整理和考证，已经判明出土的帛书共有28种，大约有12万字左右。从这批帛书的内容看，只有少数几种流传下来，而大部分是久已失传的佚书，这批帛书出土时多无书名，研究人员在整理时根据书写的内容定名。

依据《汉书·艺文志》归类，有六艺、诸子、兵书、数术、方术和地图六类。六艺类中共四种：1.《周易》2.《丧服图》3.《春秋事语》4.《战国纵横家书》；诸子类共两件：1.《老子》甲本和卷后四篇佚书《五行》、《九主》、《明君》、《德圣》2.《老子》乙本和卷前四篇佚书《法经》、《十大经》、《称》、《道原》；兵书类有《刑德》甲、乙、丙三种；数术类共11件都写在整幅的帛上：1.《篆书阴阳五行》2.《隶书阴阳五行》3.《五星占》（这是现存最早的一部天文书，在天文史的研究上具有特别重要的价值）4.《天文气象杂占》5.《相马经》6.《出行占》7.《木人占》8.《筑城图》9.《园寝图》和待修复考订的两件；方术类共五件：1.《五十二病方》及卷前佚书四篇，这是中国已发现的最古老的医方和医学理论著作，

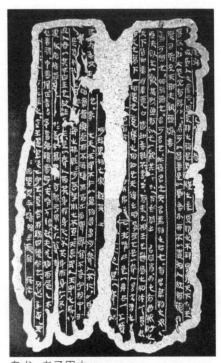

帛书-老子甲本

书内记载的很多上古药方大部分已经失传；还有《导引图》及卷前佚书两篇都绘写在整幅的帛上，"导引"就是配合呼吸方法的养生术，这是中国独特的内外兼养的整体健身养生方法的源流，为我们提供了极有价值的资料；地图类共发现三幅：1.《长沙国南部地形图》2.《驻军图》3.《城邑图》，这是中国现存最早的古地图，是内容非常丰富的大比例实用地图，也是目前世界上所见最早的地图。

关于这批帛书的抄写年代，可以根据书体、避讳、纪年等方面大体考定。《篆书阴阳五行》的书体是在秦篆中杂以楚国古文，书中有秦王政二十五年（前222）的纪年，应是马王堆汉墓中年代最早的一件帛书。《老子》甲本和卷后佚书四篇及《天文气象杂占》、《春秋事语》都不避汉高祖刘邦讳，而《战国纵横家书》、《黄帝四经》、《老子乙本》则避刘邦讳而不避惠帝刘盈和文帝刘恒讳，《五星占》中的星表止于文帝三年，因此可证马王堆三号墓主人的入葬时间为文帝十二年。则大部分帛书的抄写年代应为汉高祖时期至文帝初年，即公元前2世纪初（前后三十年左右的时间）。

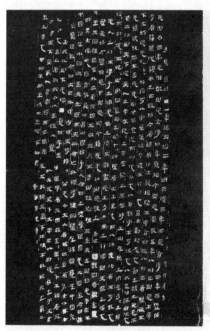
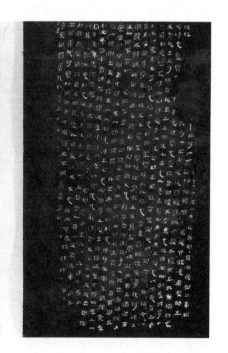

帛书—老子乙本卷前古佚书

在这批帛书中发现的《老子》书有两种写本，都是用墨笔写在帛上的。研究者们称为甲本和乙本。甲本的帛多有破损，文字多有残缺。乙本的帛大体完好，文字大多清晰。从这两种抄本的书体和皇帝避讳来推断，甲本《老子》应成书于刘邦称帝之前，即公元前206年之前，乙本《老子》成书于公元前206年至公元前187年之间，显然比甲本成书时代要晚。

老子姓李，名耳，字聃。是春秋时期年长于孔子的著名思想家，也是道家的创始人。他提出"清静无为"的道家学说充满了朴素的辩证思想，对中国古代哲学思想史的发展产生过很大影响。他曾做过周王朝政府守藏室的史官（相当于国家图书馆馆长），在周朝日渐衰微之时，他弃官西行出函谷关，隐居著书。其内容谈的都是"道"和"德"，后世便称此书为《老子》或《道德经》。这部仅五千多字的书，却以独特而深刻的思想，极富启发的人生体验，围绕"道"这一中心概念，精辟地阐述了老子关于宇宙的起源，世界的存在方式，事物发展的规律以及人类社会的种种矛盾与解决方式。通篇充满了辩证的逻辑力量与深邃美妙的诗意。老子学说对中国哲学的发展有极大的影响，后来唯物、唯心两派都从不同角度吸收了他的思想。这种深远的影响也流传到了国外，直至今日仍受到西方一些学者的称赞。

魏晋以来《道德经》已有多种不同的版本流传于世，对于各种传本的辨伪与诠释，历代专家学者进行了长达千余年的不休争论。直到马王堆三号墓帛书《老子》甲、乙本出土后，研究者才惊喜地发现它比任何已知《老子》一书的版本要早四个世纪。而帛书《老子》甲、乙两版本都是《德经》为上篇在前，《道经》为下篇在后。专家们依据先秦古籍的有关记载推断，大概是战国期间道、法两家对于《老子》一书各有所偏重。《道经》在前《德经》在后当是道家的传本，而从帛书《老子》的编法来看，《德经》在前《道经》在后，这可能是属于法家的传本。

更令人震惊的是还发现了与老子乙本同抄在一幅帛上的古佚书，共174行，11164字，全部用韵文写成，全书由《经法》、《十大经》、《称》、《道原》四篇组成。《经法》是四篇佚书的第一篇，也是全书的总纲，主要讲述治国必须依靠法制的道理。篇中又分九小节，分别为《道法》、《国次》、《君正》、《六分》、《四度》、《论》、《亡论》、

《论约》、《名理》；第二篇《十大经》是以黄帝君臣问答的形式来讲述"刑名"和"阴阳刑德"之说，共分十五小节。第三篇《称》汇集了很多类似格言的话来讲统治策略"度"和"极"的把握，即施政、行法必须权衡度量，区分轻重缓急，不走极端。第四篇《道原》集中论述了"道"的本质、推究 "道"的本源，教导君主如何用道法统治天下。

根据这四篇的内容并结合抄写时代的历史背景，著名的历史学家唐兰先生认为这四篇佚书应是佚失了二千余年的在《汉书·艺文志》中列在道家之内的《黄帝四经》。这些抄本的发现从根本上改变了学术界对早期道家学说的认识。在汉代，尤其是汉文帝时期崇尚黄老之说，所以把黄帝四篇和老子两篇合抄为一卷，这就是所谓的"黄老"著作。它们属于道家的哲学流派，是战国至西汉一个很著名的哲学流派。令人遗憾的是千百年来除了一部《老子》外，黄帝的书一部也没有留下来。因此后世只知"老学"却不知"黄学"，并且对中国古代是否确有"黄学"存在疑虑。马王堆汉墓出土的四篇早已失传的黄帝书，在标志着中国古代哲学史上重大发现的同时，也解开了哲学史上的一个千古之谜。

盘锦辽河碑林分别在二门碑廊和古代馆两处选出了帛书《老子》甲本和《老子》乙本卷前古佚书的残帛片断镌刻上石，以供游人欣赏和揣摩。

在二门碑廊中选刻的是老子甲本《德经》中的〈任信第七十八〉、〈任契第七十九〉，《道经》中〈体道第一〉、〈养身第二〉、〈安民第三〉、〈天源第四〉、〈虚用第五〉、〈成象第六〉、〈韬光第七〉、〈易性第八〉、〈运夷第九〉、〈能为第十〉。为方便读者阅读，对这些章节稍加解释：

在老子《德经》中，〈任信第七十八〉（原文）：天下莫柔弱于水，而攻坚强者，莫之能胜，以其无以易之。弱之胜强，柔之胜刚，天下莫不知，莫能行也。是以圣人云："受邦之垢，是谓社稷主。受邦之不祥，是为天下王。"正言若反。

大意是：天下没有什么东西比水更柔了，而攻坚克强者，却没有什么东西可以胜过水。弱胜过强，柔胜过刚，天下没有人不知道，但是没有人能实行。所以有道的圣人这样说："承担全国的屈辱，才能成为国家的君主。承担全国的灾祸，才能成为天下的君王。"正面的话好像反说一样（讲述了以柔克刚的道理）。

〈任契第七十九〉（原文）：和大怨，必有余怨焉，报怨之德，安可以为善？是以圣人执左契，而不责于人。有德司契，无德司彻。天道无亲，常与善人。

大意是：和解深重的怨恨，必然会有余恨。用德来报答怨恨，怎么可以是妥善的办法呢？就如有道的圣人保留借据的存根，而不以此强迫别人偿还债务。有德之人就像持有借据的圣人那样宽容，没有德的人就像掌管税收的人那样苛刻。自然规律对任何人都没有偏爱，永远帮助有德的善人（讲述了以德报怨，与人为善的道理）。

在老子《道经》中〈体道第一〉（原文）……"道可道也，非恒道也。名可名也，非恒名也。无名，万物之始也。有名，万物之母也。恒无欲也，以观其妙。恒有欲也，以观其所徼，两者同出异名，同谓之玄。玄之又玄，众妙之门。"

这段讲述了"道"是可以用语言来表述的，它非普通的道。"名"也是可以说明的，它非普通的名。"无"可以用来表述天地混沌未开之际的状态；"有"则是宇宙万物产生之本原。因此要常从"无"中去观察领悟"道"的奥妙，要常从"有"中去观察体会"道"的端倪。这两者来源相同，而名称相异，都可以称之为玄妙，玄妙又深远。"道"是洞悉宇宙万物一切奥妙变化的门径。

〈养身第二〉（原文）：天下皆知美为美，斯恶己。皆知善之为善，斯不善矣。有无之相生也，虽难易之相成也，长短相形也，高下之相盈也，音声之相和也，先后之相随，恒也。是以圣人居无为之事，行不言之教，万物作而弗始也，生而弗有，为而弗也，功成而弗居也，夫唯弗居，是以弗去。

这段讲述了宇宙万物相生相成的道理。大意是：天下人都知道美之所以为美，是因为有丑陋的存在。都知道善之所以为善，是因为有恶的存在。所以有和无相互转化，难和易相互生成，长和短相互显现，高和下相互充实，音与声相互和谐，前和后相互接随，这是永恒的。因此圣人用无为的观点对待世事，用不言的方式施行教化。听任万物自然兴起，而不为其创始。有所施为，但不加自己的倾向。功成业就而不自居，正由于不居功，就无所谓失去。

〈易性第八〉（原文）：上善若水，水利万物而不争。处众人之所恶，故几于道。居善地，心善渊，与善仁，言善信，政善治，事善能，动善时。夫唯不争，故无尤。

这段讲述了从善举，免怨咎的道理。大意是：最善的人好像水一样，水善于滋润万物而不与万物相争，停留在众人都不喜欢的低地，所以最接近于"道"。居处善于选择地方，心胸善于保持沉静而深不可测，待人善于真诚、友爱和无私，说话善于恪守信用，为政善于治理国家，处事善于发挥所长，行动善于把握时机。最善的人所作所为因为有不争的美德，所以没有过失和怨咎。

〈运夷第九〉（原文）：持而盈之，不如其己。揣而锐之，不可长保。金玉满堂，莫之能守。富贵而骄，自遣其咎。功遂身退，天之道也。

这段以四言韵句讲了大盈若冲，含藏收敛，功遂身退的哲理。大意是：扶持盈满，不如适时停止。显露锋芒，锐势难以保持长久。金玉满堂，无法守护永远。如果富贵到了骄傲的程度，那是自己留下了祸根。一件事情做得圆满了，就要含藏收敛，这是符合自然规律的。

从以上所节选的几段中可以看出老子在文章中以"道"与"德"这两个古代哲学概念为核心，对若干事理进行论述，在表达方法上，恰当地运用大量典故和事例，深入浅出地阐述了他朴素的唯物辩证思想。

《黄帝四经》一书《经法》章中共分九小节，它们是〈道法〉、〈国次〉、〈君正〉、〈六分〉、〈四度〉、〈论〉、〈亡论〉、〈论约〉、〈名理〉。在辽河碑林古代馆中选录了其中的〈国次〉、〈君正〉、〈六分〉镌刻上石。

〈国次〉主要讲施政、治国必须态度严谨，国家才能稳固兴旺。不固执己见，遵循事物变化发展的"度"（规律）来办事，便能获得"天功"。坚持反对"过极失当"的极端政策。

〈君正〉强调顺和民心民意，执政必须"从其俗"、"用其德"、使"民有德"。但对于破坏制度的，在法律面前"罪杀不赦"。要举生伐死，文武并行，刚柔相济，天下才能宾服。

〈六分〉强调要讲君臣之道，各守本分。以主强臣弱生六顺（大治），主弱臣强生六逆（大乱）。意思为君主不沉湎于田猎酒色，能驾驭群臣。臣子必须忠诚老实，一心侍奉君主，"不敢蔽其君"。只有"主执度""臣循理者"才能"其国霸昌"。

马王堆帛书中的一些古籍不仅对今天来说是佚书，就连东汉时期的刘向和班固也未曾见到。它不仅丰富了古代史的内容，订正了史书的记载，还可以作为校勘某些传世古籍的有力证据。同时在文字学、训诂学、音韵学等方面也为后世研究者提供了丰富的详实资料。

马王堆汉墓出土的这批12万余字的帛书大都是由专门的抄手来完成的，由于帛书内容很多，抄写的时间跨度较大，我们可以很容易地从帛书字体上判断出抄手的不同和风格的差异。我们一般能看到的汉代人书法多为石刻，而现在却目睹了这么多西汉人的墨迹实为幸事，因为它们没有经过人为的修饰、刻凿和传拓的因素，让我们清楚地认识了"古隶"的本来面目。

碑林二门碑廊中选刻的"老子甲本"两块残帛中，是用带有隶书笔意的小篆体来书写的。其笔法较多地继承篆书均匀与圆转的特点，用笔仍以曲线为主，横画的起笔多重而圆，收笔则轻而尖，钩与捺常作长引之势。并出现了一些草率和连笔之处，章法有直行而无横列，行间分明，字距疏朗，已有了明显的隶意。

碑林古代馆中选刻的《黄帝四经》中经法篇的片断，应为汉惠帝和吕后执政之间的古隶，用笔沉着遒健，书写自然。于秀丽中尚存古意，给人以含蕴圆厚之感。其章法也独具特点，纵有行，横无格。每行长度自由。字或大或小，或平正或欹斜，呈现出一种洒脱自如的意趣。

隶书的出现是书法史乃至文字史上的一次重大变革，从此书法告别了延续两千多年的古文字而开端了今文字。字体的结构不再有古文字那种象形的含义。隶书上承篆书，下启楷书，是一个质的转变和过渡。作为书法艺术它打破了原来篆书"玉箸体"单一用笔的局限，而有了十分丰富的变化。它用笔方圆兼济，点画分明、粗细有致，波画有蚕头燕尾，一波三折。结体或险峻跌宕、或秀丽工整、或大开大合，意气飞扬，可谓变化万千，各臻其极，无愧是中国书法史上瑰丽的一章。

天下第一简——武威仪礼简

"磨嘴子"位于甘肃省武威市凉州区城西南15公里处的祁连山麓，杂木河两岸。这里地势起伏，呈丘陵地带。西边依山傍水，东接沃野千里。其间阡陌纵横，是人类居住、从事生产活动的好地方。在这里曾经发现有新石器时代的文化遗址，而且还分布着许多汉代古墓群，真是一座蕴藏丰富的地下文物宝库。1963年被甘肃省公布为省级重点文物保护单位。于1956年、1959年、1972年、1981年先后经过四次考古发掘，共清理西汉末至东汉晚期墓葬72座，出土了大量的竹、木简，以及各种文物1000多件。武威汉墓的发掘对汉代开发河西四郡的研究提供了重要资料。其中出土的《仪礼》简、《王杖诏书令》简、"白马作"和"史虎作"毛笔、木胎漆盘、彩绘木鸠杖等20多件文物被定为国家一级文物，现藏于甘肃省博物馆，磨嘴子汉墓群遗址从此而闻名于世。

武威汉墓发掘的重大收获之一是于1957年7月间发掘了编号为6号的一座夫妻合葬墓，在墓中出土了480枚木简。除11枚简为日忌、杂占内容外，其余469枚均为《仪礼》简。这批简出土时未有散乱，极少有破损的残简零札，而是九篇共计27298字完整的《仪礼》文章。简文用毛笔所书，大多墨迹如新。每一篇文章首尾俱全，保存了原书的篇题、页码和顺序，像这样完整的《仪礼》简是迄今出土汉简中空前的发现，这是西汉经书的样本，不愧是天下第一简。

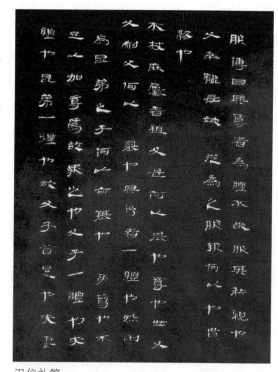

汉仪礼简

《仪礼》简称《礼》，亦称《礼经》或《士礼》，儒家经典之一。是春秋战国时代一部分礼制的汇编，共十七篇。有人说是周公所作，有人说是孔子删定。近代有人根据书中的丧葬制度，并结合考古出土器物进行研究，认为《仪礼》成书当在战国初期至中叶之间。这批木简共分三本，甲本木简宽0.75厘米，长55.5—56厘米，约合汉代二尺四寸，内有七篇文章：《士相见》16简，《服传》57简，《特牲》49简，《少牢》45简，《有司》74简，《燕礼》51简，《泰射》106简，共398简；乙本木简宽0.5厘米，长50.05厘米，约合汉尺二尺一寸，只有《服传》一篇共37简；丙本竹简宽0.9厘米，长56.5厘米，近于汉尺二尺四寸，仅《丧服》一篇34简。从三本不同的《服传》和《丧服》篇的比较中可以判断出其抄写时代可能在西汉中晚期，它们都是当时经师诵习的本子。这是目前所见《仪礼》的最古写本，对于研究汉代经学和《仪礼》的版本、校勘提供了重要的第一手材料。简册出土后，中国科学院考古研究所派出了著名的历史学家、古文字学家、考古学家陈梦家先生前往兰州，协助甘肃省博物馆整理武威出土的汉简。他利用这批汉简详细而具体地考订出汉代的简册制度，弥补了古文献的缺漏，并通过复原《仪礼简》弄清了汉简可以有一至五道编绲（lun），在编辍简册时都有一定的尺度规则和制作方法。

根据《十三经注疏》可知《仪礼》章共有十七篇，而言丧礼的就有四篇，《丧服》是第十一篇，是丧礼中最重要的一篇。其内容讲的是居丧时要用粗麻布斩裁做成上衰（cui）下裳，用粗麻布做成麻带，用黑色竹子做成孝杖，用黑麻编成绞带，用六升布做丧冠，用枲（xi）麻做冠带，用管草编成草鞋，以及服丧时间的长短等具体的规定。依此来表示服丧者与死者之间的亲疏尊卑等关系。古代丧服制度分为斩衰、齐衰、大功、小功、缌麻五种，统称五服。五服中最重的一种"斩衰"是用最粗的麻布制成的丧服，不缉边（称为斩），使断处外露，表示没有任何修饰，服期三年。由儿子、未出嫁的女儿、妻子以及重孙为祖父服之；"齐衰"是第二种，是用粗麻布做的丧服，以其缉边。服期有一年的是孙为祖父母，夫为妻所服。有五个月的，是为曾祖父母所服。有三个月的是为高祖父母所服；"大功"是第三种，是用熟麻布做的丧服，服期九个月。是为堂兄弟、未嫁的堂姊妹、已嫁的姑姊妹、已出嫁女为伯叔父、兄弟所服之；

"小功"是第四种，用较细的熟麻布做的丧服，服期为五个月，是为本宗的曾祖父母、伯叔祖父母、堂伯叔父母等亲属所服之；"缌麻"是五服中最轻的一种，用细麻布做的丧服，服期为三个月，是为本宗的高祖父母、曾伯叔祖父母、族伯叔父母等亲属所服之。

辽河碑林古代馆选录《仪礼·丧服》中的一段镌刻上石。（原文）："（……则为出）母无服。传曰：与尊者为一体，不敢服其私亲也。父卒，继母嫁，从为之服报。（传曰：）何以（期）也？贵终也，不杖麻屦者。祖父母，（传曰：）何以期也？（至）尊也。（世父母、叔父母。传曰：）世父、叔父，何以期也？与尊者一体也，然则为昆弟之子，何以亦期也？旁尊也，不足以加尊焉，故报之也。父子一体也，夫妻一体也，昆弟一体也。故父子首足也，夫妻（胖合也）。"

文章中的"传曰"是指在汉代通常把《论语》和《孝经》称为"传"，用以区别先王之书。即孔子、老子所说。这段的大意是：（……母亲和儿子是至亲相连，被休妻的妻子的儿子，作为父亲的继承人）就不为被休妻的母亲服丧服。传曰：和至尊的人为一体，不敢为自己被休逐的母亲服丧。父亲去世后，继母改嫁，跟从她的，要为她服衰一期，报答她的养育之恩。传曰：为什么服丧一年？敬重她始终抚育自己。不用孝杖，穿麻鞋，为祖父母服丧一年。传曰：为什么服丧一年？因为祖父母是最尊贵的人。为伯父伯母、叔父叔母服丧一年。传曰：为什么为伯父伯母服丧一年？因为他们与尊贵的父亲是一体的。可是为什么为兄弟的儿子也服丧一年呢？因为自己是旁系尊贵的人，不足以以尊贵加于己，所以是报答他。父子是一体的，夫妻是一体的，昆弟是一体的。所以父尊如首，子卑如足。夫妻是两半相合……

武威出土的《仪礼》简，由于抄写经书的严格要求，尽管出自多人之手，但书体基本统一于严整规范之中，这些抄书的人并不是当时的大学者、大书家，他们对当时不断演变中的汉字字形的驾驭还不能达到随心所欲的程度，因而所抄写的书便呈现出一种挥毫自由，天真稚拙的韵味。这批木简隶法之精到是汉简中少见的。多数字以藏锋起收，中锋行笔十分明显，波磔规范而又美观，线条劲健而富弹性，笔法迅急而又奔放。结字重心左移，通过右伸的横波取势，在欹斜中取得平衡。它的章法也处理得别具匠心，在狭长的简中压扁字形，拉大字距。简上的垂直木纹与扁平的字形形成了强烈的纵与横的对比，大有"疏可走马""密不透风"空灵清新的意境，这种布局方式也成了后世正书章法布局的一种典型模式，对于研究隶书的发展有很高的价值。

两千年前的尊老养老政令——武威王杖简

　　尊敬老人是中华民族的一种传统美德，它是有一定的历史渊源的。早在两千多年前的汉王朝就制定颁发了关于尊老养老的许多政令，其中"王杖制"最具特色。在所赐杖的顶端雕有一只鸠鸟，按《汉志》记载，鸠鸟吞吃食物而不会被噎着，依此来表示对老人的一种祝愿，祝老人吃饭不噎，身体健康。故此杖也称"鸠杖"或"王杖"。从考古发现的资料和有关史书记载来看，汉代为七十岁的老人赐鸠杖，这是皇帝颁发给老人的信物和凭证。至于把它作为一项法令制度来确立，也是有它产生形成的过程的，学术界一般认为汉代养老赐杖制度的实施始于汉高祖。东汉大学者应劭在《风俗通义》中记载，当年刘邦与项羽打仗，刘邦败阵逃走，藏在树林里。项羽追来，听到树林里有鸠鸟叫，以为不会藏人，让刘邦逃过一命，所以刘邦就认为鸠鸟是一种幸运鸟，故以此鸟雕在手杖上端赠送老人。应劭以鸠鸟救刘邦之命来解释鸠杖的起源未必可信，可是他指出西汉赐鸠杖之制始于汉高祖还是有道理的。这是刘邦为稳定地方秩序，而对一些特殊身份的老人采取的优抚政策。虽然还不能说算是真正意义上的养老制度，但可视为后来养老制度的发端，这个推断从武威出土的《王杖十简》和《王杖诏书令》中可以得到肯定。

　　1959年9月至11月，甘肃省博物馆在武威市新华乡缠山村磨嘴子高地发掘了31座汉墓，共出土了13根鸠杖和一批木简。其中第18号墓出土了木鸠杖两根，一根长为1.94米，直径4厘米。一根残长40厘米，杖上缠有木简十枚，简长约23—24厘米，宽1厘米，系一完整简册书，由三道编绳编联。简文内容涉及东汉永平十五年（72年）68岁的老者幼伯受王杖之事。及西汉建始二年（前31年）九月，汉宣帝"年七十受王杖"的诏书和河平元年（前28年）汉成帝关于对高年老人赐王杖的两份诏书，还有对侮辱殴击执王杖主当弃市惩罚的命令。故称《王杖十简》。十简一出土，史学界大为轰动，先后有不少国内外学者都对此进行了全面的考释。但是由于十简出土时原有编绳无存，次序混乱。加上原简抄录的错字、漏字，致使对王杖简如何排次序、个别字的释读、有关诏书令的年代、及汉代尊老养老的制度等问题一直争论了二十余年未得结果。直到1981年当地的一个农民捐献了《王杖诏书令》简册26枚，根据简文内容及简背面的编号可知，原册应为27简。除中间缺失第15简外，其余次序井然。现存之简长23.2—23.7厘米，宽0.9—1.1厘米，绳编两道，绳虽不存，但痕迹尚留。每只简字数不等，最多为35字，最少为4字，简文内容完整。包括建始二年（前31年）九月诏令；元延三年（前10年）正月诏令；和汝南郡王安世等皆坐殴辱王杖主弃市的命令。两次出土的简文内容丰富，记载明确，既有尊老养老高年赐王杖的诏令，也有抚恤鳏寡孤独残疾之人的具体法规。这些命令和法规在当时提高了老人的社会地位：持王杖者如使者持节，比照六百石官员看待；官吏或他人不得擅自征召，凡辱骂、殴打持杖者则应处以极刑；持杖老人可以出入官府不趋，犯有耐罪以上者从轻处理；可以经商免税，对抚养善待受杖老人的人国家也免除其赋税徭役。两汉时期国家对养老尊老制度也曾有过三次大的变革，即惠帝时期的免除老幼刑罚；宣帝时期的高年赐王杖和成帝时期的放宽受王杖的年龄限制。可是史书对这三次变革中的后两次却没有明确的记载。《王杖十简》和《王杖诏书令简》的

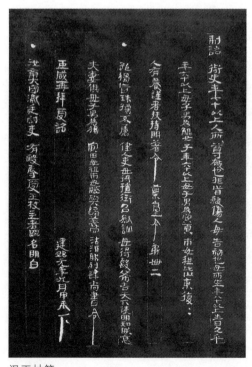

汉王杖简

发现为我们填补了这一空白，解决了在这一领域里久争未决的许多问题，因此国家文物局将其定为国宝级文物，现藏于甘肃省武威市博物馆。

辽河碑林选录了《王杖诏书令》简中的第1—7枚简文镌刻上石，原文内容如下：制诏御史：年七十以上，人所尊敬也。非首杀伤人，毋告劾也，毋所坐。年八十以上，生日久乎？年六十以上，毋子男为鲲；女子年六十以上，毋子男为寡。贾市，毋租，比山东复。复人有养谨者扶持，明著令，兰台令第四十二。孤独盲侏儒，不属律人。吏毋得擅征召，狱讼毋得击。布告天下，使明知朕意。夫妻俱毋子男为孤寡，田勿租，市毋赋，与归义同；沽酒醪列肆。尚书令臣咸再拜受诏。建始元年九月甲辰下。汝南太守谳廷尉，吏有殴辱受王杖主者，罪名明白。制曰：谳何，应论弃市。

这是汉成帝建始元年诏令中对御史说的话，意思是：年龄在七十岁以上者是人们所尊敬的，除非是杀人或伤害人的首犯，就不要告发弹劾，也不要受连坐。至于年龄在八十岁以上者，还能活很久吗？年龄在六十岁以上，其子不受髡刑。女子年龄六十以上，其子不受腠刑。王杖权益转让他人，他人也免租赋。比照中原地方一样蠲免，有赡养王杖主者扶持供养确凿，以诰令——兰台令第四十二优待。（汉朝政策性诏书一般收在兰台令中，所以有简文上的诏令编号设定）孤儿盲人侏儒都不是法律严格管束的人，官吏不得征收赋税和征派徭役，狱讼期间不能打。应布告天下使臣民明白皇帝的旨意。夫妻皆亡，幼子为独，买田不拿租税，转让权益不征赋役，与归义地方的办法一样，可以自由买卖酒醪、开店铺均不收税。尚书令记录臣下名咸，再次拜谢接受诰谕，建始元年九月甲寅下达。汝南郡太守请示廷尉：有殴辱持王杖老人的，罪证确凿，请示什么，应当斩首示众。

从武威出土的王杖简中我们可以推断出撰写人应该是持王杖主的子嗣，为了标榜死者生前的荣耀，便以鸠杖陪葬，并将文字说明写在简册上。先抄录皇帝的诏书和尚书令所记案例，然后说明死者的生年和受王杖之年。所用文辞简约易懂，朴实无华，表现了汉代语言的口语化倾向。

《王杖十简》和《王杖诏书令简》是用毛笔在幅面比较窄的木简上书写，所写的字都很小，但奔腾不羁的气势却自上而下充塞于字里行间，形成了以小见大的气势。简中的书体是两汉期间墨迹隶书的典型写法，所用场合多为官府记事或民间交往，有一种随手而成的自在意趣。《王杖十简》书体转折自然圆润，波磔分明，多数字形较长，欹斜得体。《王杖诏书令简》用笔方硬挺劲，左右结构紧凑，垂笔恣纵，尚存篆书遗韵。两种简册中的章法采取诏书形式，如"制曰"、"制诏"等词突出在顶端，由于内容不同，不少简未写完即另起一行，目的是使条理更清楚。一些笔画写至简边，似乎简面太窄使笔意未尽，显得字间紧密。而宽余处则一笔直泻到底，增添了书写的艺术性。

两千年前的医学宝典——武威汉代医药简

1972年甘肃省博物馆与武威市文化部门合作，在武威城郊西南10公里处的柏树乡旱滩坡的东汉早期墓葬中清理出了一批汉代简牍，皆由松、杨两种木质制成。其中有简78枚，牍14枚，共计92枚。在两汉时期一般的书籍和抄写的诏令、文件等都用这种简来书写编册。简长约23厘米左右，相当于汉尺1尺。牍比简要宽，有的可宽到6厘米左右，实际上已成板状，所以《说文》解释为"书版"，其长度与普通简相同，多用来书写书信、契约或抄录医方、历谱等。

在这批出土的简牍中有一枚简上书有"右治百病方"五字尾题，所以称为"医药简"。这批简牍原来可能是分编为三个册子，有两种形制：一种宽度为1厘米，简的边侧有锲口，另一种宽度为0.5厘米，简的边侧无

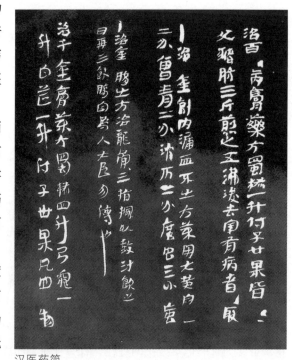

汉医药简

锲口。牍宽度在1厘米到4厘米不等，正反两面墨书，个别有残损，每面书写两行或多至六行的。据考证墓主人是一位老中医，这些医药简牍就是他多年行医的经验和当时较有实用价值的方剂的真实记录。这次发现不仅在数量上远远超过了以往所发现的医药简的总合，而且内容非常丰富。其中包括了相当于现在的临床医学、药物学、针灸学及其他医药的相关内容。在临床医学方面：不仅有对疾病症状的描述和病名、病因、病理的记载，还有内、外、妇、五官、针灸等30多个治病方剂的详细记录，保存完好；在药物学方面：简中例举了植物药、动物药、矿物药和其他药物100多味，简文中还对这些药物的炮制剂型以及用药方法、时间都作了详细记载；在针灸学方面：简文记载有针灸穴位、留针方法、针灸禁忌等内容。这批简牍充分体现了我国传统医学"辨证施治"的原则，并将这一原则具体应用到了临床上，简文中所记载的药物较《神农本草经》有所发展，而且这些药物的性能在当时已被人们掌握，某些药物的剂型在当时就已兼有数种用途。这批医药简是我国年代最早、形式最完整，内容最丰富的验方著录，从中可以窥见我国汉代医学水平和中医的临床治疗的发展水平。这不仅是我国考古学上的重要发现，也是震惊我国医学史上的大事，为我国古代医学，特别是汉代医疗史的研究提供了宝贵的实物资料，具有不可低估的价值。因此被国家文物局定为国宝级文物，现珍藏在甘肃省武威市博物馆。

辽河碑林古代馆选录了医药简中的八枚简镌刻上石，原文如下：治百病膏药方．蜀椒一升．付子廿果．皆一／父（付）．猪肪三斤煎之．五沸后去荤．有病者取／治金创内漏血不止方．药用大黄升一／二两．曾青二两．消石二两．蜜虫三两．虻．／治金肠止方．治龙骨三指撮以豉汁饮之．／日再三饮肠．自为人大便．勿传也．／治千金膏药方．蜀椒四升．弓穷（川芎）一／升．白芷一升．付子卅果．凡四物。

这批简牍的内容均为医药记录，是东汉初期医家的墨迹，都是用毛笔书写的。书法艺术是一种线条的搭配和变化的艺术，它的艺术美是通过线条的错综变化表达的，"工欲善其事，必先利其器"，书写的材料、工具对书法艺术效果的产生关系极大。简牍书体的形式，是与它的书写工具密切相关，用具有弹性的毛笔写在硬性狭长的竹、木条上，这是汉简书法成功的基本保证。两汉时人们所作的笔，可以从武威磨嘴子汉墓出土的"白马作"、"史虎作"两只毛笔来看，其笔头的蕊及锋用黑紫色的硬毛，外面用一层较软的黄褐色毛，使用两种硬度不同的毫制作笔头，则刚柔相济，便于书写。尤其适用于医药简中的以隶书为主，兼用章草书体的书写。加之书写者有着深厚的书法功底，又是精心抄录，因此每枚简牍上的每一个字都凝聚着时代的特色。在书写上，用笔练达，洒脱流畅，毫无雕琢之意。字里行间闪耀着一种动态美，具有率意、质朴、粗犷、雄健的风格；在结体上，这些简书从秦隶的取纵势一变而为取横势。每行中为了让位于波画，多以偏左取势，章法布局生动活泼，每只简虽有行数限制，但不受界格所囿，于规整之中又现出一些随意。此种笔法一直沿用到后来的草书和行书中，这也是汉代简牍书法中的一大创新。

世界古代第一兵书——银雀山汉简

　　山东省临沂市的东南有两座山岗，古代相传此处遍生一种灌木，春夏之交，此树鲜花盛开，花朵形似云雀。东岗开黄色花，西岗开白色花，两座山岗由此而得名为金雀山和银雀山。西汉时在临沂这个地方曾设立东海郡，因此这一代留下了许多汉代的家族墓葬地。20世纪70年代以来，先后发掘了汉墓百余座，出土了大批珍贵文物。1972年由山东省博物馆主持在银雀山又发掘了两座汉墓，墓中出土了陶器、漆器、铜镜、钱币等随葬品。尤为重要的是在两座墓葬的棺椁边箱内发现了一大批完整的竹简和残简以及数千片残片。这批竹简的长度有三种：①长69厘米，约合汉尺三尺，经缀联共有32枚。②长27.6厘米，约合汉尺一尺二寸，约有5000枚。③复原长度为18厘米，约合汉尺八寸，此类简仅10简。汉代简册的不同长度是汉代礼制的反映。竹简是用细丝绳编联的，丝绳早已朽断，但从简上留下的编痕可知有两道或三道的编联方式，从编痕处留下的空白可以看出，竹简是先编成册，然后再书写的。简文系墨书，每简字数不等，简的篇题或写在第一简的正面，或写在第一简的背面。当简册书写完毕，自左向右卷起，使书于第一简的篇题显露于外，便于检索。

　　与这批竹简同时出土的还有半两钱、一枚三株钱以及《天光元年历谱》简，由此可以推定，银雀山汉墓是汉武帝初年的墓葬。两墓中所出的汉简，字体为早期隶书，其抄写的时代应在西汉文、景到武帝初年。在一号墓中还出土有两件漆耳杯，底部刻有隶书"司马"2字，这应是墓主人的姓氏。在二号墓中出土了一个陶罐，肩部刻有"邵氏十斗"4字，也应是二号墓主人的姓氏。

在一号墓中出土竹简的内容大致可分为现今还有传本的书籍和古佚书两大类，而古佚书占大部分。现有传本的书籍包括：《孙子兵法》（即孙子十三篇）及《吴问》、《黄帝伐赤帝》、《四变》、《地形二》四篇佚文，《尉缭子》五篇，《六韬》十六篇，《晏子》十六章；佚书类包括：①《孙子兵法》，在《汉书·艺文志》中称《齐孙子》。简本共十六篇，第一至第四篇记孙子与齐威王、田忌的问答，应确定是孙膑书。第五至第十五各篇篇首都称"孙子曰"，但就其文体、风格与《孙子兵法》及其佚篇不相类，这些篇中的"孙子"以指孙膑的可能性为大。依此亦定为孙膑书；②《守法守令十三篇》共十篇，③《地典》篇，④《唐勒》篇，⑤论证和论兵的文章四十余篇，⑥阴阳、时令、占候之书如《曹氏阴阳》等十余篇，⑦《相狗》、《作酱》等杂书。在2号墓中仅出土竹简32枚，系汉武帝《天光元年历谱》，以十月为岁首。这是迄今我国发现最早最完整的古代历谱所记的晦朔干支，订正了自宋代《通鉴目录》以来有关诸书的错误。除此以外，还有大量残简专家们正在整理之中。

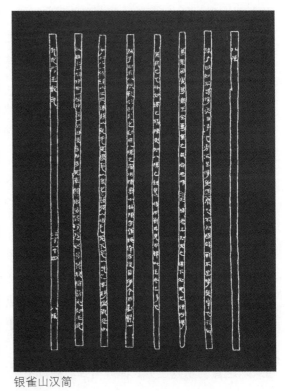

银雀山汉简

银雀山汉墓竹简中的《六韬》、《尉缭子》、《晏子》等书，自唐宋以来就被认为是后人假托的伪书。此次发掘证实了以上书籍在西汉前期已经传世，并非后人假托的伪书。《孙子兵法》与《孙膑兵法》的同时出土，更是中国文化史上的盛事。史书中关于孙武、孙膑两人及其著作均有记载，但东汉末年《孙膑兵法》已成为佚书。由此两个"孙子"及其著作已成千年之谜。《孙膑兵法》今天又重新被发现，不仅解决了《孙子兵法》和《孙膑兵法》的作者问题，更重要的是丰富了我国古代军事学的宝库，增添了古代史的资料，因而可以帮助我们纠正《史记》的一些错误。

　　1号墓中出土了大批兵书，却未发现有任何的兵器，可能墓主人司马氏是位于军事方面有关的文官，而且酷爱兵法，真是应该感谢他为我们留下了如此珍贵的文化遗产。《孙子兵法》和《孙膑兵法》两部兵书的竹简自出土以来就被世界推崇为"兵学圣典"、"世界古代第一兵书"和"东方兵家鼻祖"，现在已经译成几十种文本，有法、俄、德、英、美等国家先后把其定为军事学院的必修课。这两部著作中精深的哲学思想及辩证关系已远远超过了军事范畴，其深奥的理念已被广泛用于企业管理、商业竞争、外交谋略、体育比赛中。成为中华民族源远流长的文化宝库中取之不尽、用之不竭的智慧之源，制胜之宝。因此国家文物局决定在银雀山遗址兴建博物馆，于1981年破土动工，1989年一座占地1万平方米，仿古建筑及园林风格于一体，具有浓郁的民族特色的博物馆竣工，并正式对外开放了。每年都吸引了成千上万国内外观众前来参观，这是我国第一座汉墓竹简博物馆，现已成为山东省重点文物保护单位。

　　盘锦辽河碑林在中国古代馆中选录了《孙膑兵法·八阵》中的八条简文，在二门碑廊中选录了《孙膑兵法·威王问》中的六条简文镌刻上石，以供观者欣赏。

　　《孙膑兵法·八阵》中的八条简文原文如下：八阵，孙子曰："智不足，将兵，自恃也。勇不足，将兵，自广也。不知道，数战不足，将兵，幸也。夫安万乘国，广万乘王，全万乘之民命者，惟知道。知道者，上知天之道，下知地之理，内得其民之心，外知敌之情，阵则知八阵之经，见胜而战，弗见而诤，此王者之将也。"孙子曰："用八阵战者，因地之利，用八阵之宜。用阵三分，晦阵有锋，晦阵有后，皆待令而动。斗一，守二。以一侵敌，以二收。敌弱以乱，先其选卒以乘之。敌强以治，先其下卒以诱之。车骑与战者，分以为三，一在于右，一在于左，一在于后。易则多其车，险则多其骑，厄则多其弩。险易必知生地，死地，居生击死。

这段简文的大意是：孙膑说："智谋不足的人统兵，只不过是自傲。勇气不足的人统兵，只能为自己宽心。不懂兵法，又没有一定实战经验的人统兵，那就只能侥幸了。若要保证一个万乘大国的安宁，扩大万乘大国的统辖范围，保全万乘大国百姓的生命安全，那就只能依靠懂得用兵规律的人了。所谓懂得用兵规律的人，那就是上知天文，下知地理，在国内深得民心。对外要熟知敌情，步阵要懂得八种兵阵的要领，预见到必胜而出战，没有胜利的把握则避免出战。只有这样的人，才是足当重任的将领。"

孙膑说："用八种兵阵作战的将领，要善于利用地形条件，选用合适的阵势。布阵时要把兵力分成三部分，每阵要有先锋，先锋之后要有后续兵力，所有军兵都要等待将领才能行动。用三分之一的兵力出击，用三分之二的兵力守卫。用三分之一的兵力攻破敌阵，用三分之二的兵力完成歼敌任务。敌军兵力弱而且阵势混乱时，就先用精兵去攻击敌军。敌军强大而阵势严谨时，就先用一些弱兵去诱敌。用战车和骑兵出战时，把兵力分为三部分，一部分在右侧，一部分在左侧，一部分断后。地势平坦的地方用战车，地势险阻的地方则多用骑兵，地势狭窄险要的地方多用弓弩手。但无论在险阻还是平坦的地方，都必须先弄清楚，哪里是生地，哪里是险地，要占据生地，把敌军置之死地而后消灭。"这篇文章虽然题目是"八阵"，但并不是具体讲述八种兵阵的布阵方法和具体的运用，而是从客观上论述了用兵的基本规律，着重于论述统兵作战的将领必须具备的军事素养和使用阵法的基本原则。

在二门碑廊中选录的《孙膑兵法·威王问》中的6枚简文原文如下：
（"……）奈何？"孙子曰："鼓而坐之，十而揄之。"田忌曰："行阵已定，动而令士必听，奈何？"孙子曰："严而视之利。"田忌曰："赏罚者，兵之急者耶？"孙子曰："非。夫赏者，所以喜众，令士忘死也。罚者，所以正乱，令民畏上也。可以益胜，非其急者也。"田忌曰："权、势、谋、诈，兵之急者耶？"孙子曰："非也。夫权者，所以聚众也。势者，所以，令士必斗也。谋者，所以令敌无备也。诈者，所以困敌也。可以益胜，非其急者也。"田忌愤然作色："此六者，皆善者所用，而子大夫曰非其急者也。然则其急者何也？"孙子曰："料敌计险，必察远近，…将之道也。必攻不守，兵之急者也。…"

　　这段简文的大意是：孙膑说："击鼓作出进军的样子，而实际上不动，坐待敌军来攻，千方百计引诱敌军。"田忌问："进军部署已经确定，在行动中怎样让军兵完全听从命令呢？"孙膑回答说："严明军纪，同时又明令悬赏。"田忌问："赏罚是用兵中最要紧的事项吗？"孙膑说："不是，赏罚是提高士气，使得军兵会死而忘生作战的办法。处罚是严明军纪，让军兵对上畏服的手段。赏罚有助于取得胜利，但不是用兵最要紧的事项。"田忌问："那么，权力、威势、智谋、诡诈是用兵最要紧的事项吗？"孙膑回答："也不是，权力是保证军队整体指挥的必须，威势是保证军兵服从命令的条件，智谋可以使敌军无从防备，诡诈能让敌军落入困境，这些都有助于取得胜利，但又都不是用兵最要紧的事项。"田忌气得变了脸色说："这六项都是善于用兵的人常用的，而你却说这些都不是最要紧的事项，那么，什么才是最要紧的呢？"孙膑说："充分了解敌情，根据当时形势和战局将会出现的变化，利用好地形，这就是领兵打仗的规律。善于进攻而不消极防守，这才是用兵最要紧的。"这篇文章以孙膑与齐威王、田忌问答的形式，就敌我兵力对比的不同情况，提出不同的作战方法，着重指出用兵最重要的是"必攻不守"、"攻其无备，出其不意"的用兵之道。

　　由于年代久远，不少竹简已经残损，严重者已难补缺文字。但从书法研究的角度讲，保存了距今2000多年前令我们难得见到的古人手书遗墨，其价值弥足珍贵。银雀山汉简的书写意兴最为流露。运笔灵动活泼，随意挥洒，笔姿横生奇态。每个字的竖笔余力向右顺势铺毫，展出一个很长的捺画，姿态婉妙，势刚力柔。简文中多处逆入起笔，手出回锋，已看出明显的起伏和波磔，"蚕头燕尾"兴味绵长。加之竖长的简形，竖写的顺序，偏扁的字形，趋横的字势，形成了一种竖为贯通，横为联络，既为均齐，又置错落的独特局面，展现了汉简书法中早期隶书生机蓬勃的风采神韵。

西汉遗珍——五凤二年刻石

"五凤二年刻石"本为西汉鲁孝王修筑宫室礼成之碣，又称为"鲁孝王刻石"。碣是先秦时期将铭文镌刻在没有固定形制的天然石块上，是比较原始的铭刻形式。两汉以来，这种形制的石刻便少见了。石碣逐渐成为名胜、园林建筑中用来刊刻景名、题记等内容的天然石块了。

此石长71.5厘米，左高38厘米，右高40厘米，厚43厘米。刻字处长25厘米，高38厘米。镌刻隶书3行，前两行各4字，后行5字，共计13个字。文为"五凤二年鲁卅四年六月四日成"。刻石的左侧有金代开州刺史高德裔的获石题记。题记云："直灵光殿基西南三十步，曰太子钓鱼池，盖刘余以景帝子封鲁，故土俗以太子呼之。明昌二年诏修孔圣庙，匠者取池石以充用，土中偶得。此石侧有文曰：'五凤二年'者，宣帝时号也。又曰：'鲁卅四年六月四日成'者，以《汉书》考之，乃刘余孙孝王之时也。西汉石刻世为难得，故予详录之，使来者有考焉。提控修庙朝散大夫、开州刺史高德裔曼卿记。"按题记所述，此石出土于太子钓鱼池。太子钓鱼池是西汉景帝之子鲁恭王刘余当年钓鱼、玩乐之处。据《汉书》记载，西汉时刘姓鲁国自恭王起，共有五位国君，历时150多年。恭王传子安王刘光，继传孝王刘庆忌、顷王刘封、文王刘睃，此处一直是历代鲁王们的活动场所。当时鲁国国力还比较强盛，孝王刘庆忌时在此修缮宫殿、

五凤二年刻石

亭榭，并增建灵光殿。"五凤二年刻石"中的"成"字便说明了新建筑灵光殿的正式落成。

时隔一千二百多年以后的金王朝，几代帝王都遵循着尊孔事礼的政策，据《金史·章宗记》载：章宗继位之前就曾熟读了儒家的经典，继位后于明昌二年正月下令由孔子的嫡系后代孔元措袭封衍圣公，并兼曲阜令。此后又下诏修缮孔庙，规定廊庑用碧瓦，柱石雕龙纹。并增修曲阜宣圣庙，建成后敕翰林大学士、书法家党怀英撰碑文，并亲行释奠之礼。《五凤二年刻石》就是在这次重修孔庙时，在鲁灵光殿基西南30步远的太子钓鱼池中被工匠偶然发现的。

此刻石出土后自明清以来先后有清人冯云鹏兄弟《金石索》、翁方纲《两汉金石记》、钱大昕《潜研堂金石文跋尾》、王昶《金石萃编》、冯邦玉《汉碑录文》、方若《校碑随笔》、孙星衍、邢澍《寰宇访碑记》、毕沅阮元《山左金石志》和《山东通志》、《曲阜县志》、《续修曲阜县志》、《孔孟圣迹图鉴》等书均有著录。此外有正书局有石印本，日本二玄社《书迹名品丛刊》也辑入。

《五凤二年石刻》旧拓本极不易见，所见最早的有明拓本。字迹虽已残泐，但字尚完整，墨浓如漆。高德裔的题跋刻石文字一字不损，也极清楚。清初拓本字渐细瘦，但无裂痕。近拓多裂痕，字迹已漫漶，磨挖失真，差之甚远。

由于西汉书法实物资料极少，这块刻于千年前的石头，长期以来备受文人墨客的关注，这寥寥十三个字成为人们研究西汉书体的重要依据。原石现藏山东曲阜孔庙汉魏石刻陈列室，弥足珍贵。辽河碑林以清代拓片为蓝本将其镌刻上石，以供观众欣赏。

此刻石虽然字数不多，但书法属信笔而挥，反映出醇古的西汉时代气息。若将其与西汉简牍隶书墨迹对比，虽然其结构仍微妙地传达出篆意，而其结体亦尚不够方整，无明显波磔，但无疑已是成熟的隶书了。最基本的标志是：变小篆圆转为方折；变纵势为横势；小篆"婉而通"的长线条变为隶书较短的平直之笔。虽然是刻石，但明显带有简牍手写的韵味。在章法布白上吸收了简书率意而为的特征，文中两个"年"字的垂长笔画，一个"成"字的斜钩，可谓匠心独运，自然天成之美。清人翁方纲在《两汉金石记》中说："浑沦朴古，隶法之未雕凿者也。"这浑沦朴古，出于西汉时古隶的平实质朴，同时也与石刻借助于大自然的风化剥渤，才能显露出这斑驳朦胧、醇厚古拙的金石韵味来。清人方朔在《枕经堂金石书画题跋》中也赞美此刻石"字凡十三，无一字不浑成高古，以视东汉诸碑，有如登泰岱而观傲莱诸峰，直足俯视睥睨也"。看惯了东汉严谨精到的隶书碑刻的清人，看到这古厚浑然的十三字，自然会产生出一种强烈的审美冲动，于是便有了登泰岱而小天下的感受。

从篆到隶过渡时期的里程碑——莱子侯刻石

被定为国家一级文物的新莽时期的"莱子侯刻石"原在山东邹县峄山西南二十里地卧虎山中（今山东郭县境内），可惜该石刻在山里沉积了两千多年，一直无人识其珍贵之处，直到清乾隆五十七年（1792年）时被王仲磊最先发现，到了嘉庆二十二年（1817年）时，滕县孝廉颜逢甲偕友人孙生容、王辅中游邹县卧虎山时再次发现此刻石。遂在石的右侧刻下题记三行，记述嘉庆二十二年三位秀才寻得此刻石的经历。此后，被孟子第

莱子侯刻石

七十代孙孟广均获知，他不惜花重金将其收藏，一直存放在孟庙。2002年邹县博物馆开馆之际，将此石移入石刻陈列厅内。至此，这块稀世石头才被公诸于世。辽河碑林选录此石铭文镌于古代馆内，与五凤二年刻石相互映衬。

刻石为长方形，高48厘米，横70.4厘米，正文的字径约二寸五分，隶书镌刻七行、每行五字、共计35字。内容："始建国天凤三年二月十三日莱子侯为支人为封使诸子食等用百余人后子孙毋坏败"。字迹清晰，保存完好。文中"始建国"与"天凤"是王莽新朝两个相邻的年号，始建国共历五年，天凤共历六年。石刻中将两个年号排在一起的原因应是王莽政权属外戚篡权，因此他效仿秦始皇而启用了"始建国"的年号。在改用天凤、地皇年号以后，仍沿用始建国在前。这从王莽时期留下的大量青铜器铭文中比较多见，在河南唐河出土的画像石上也有"始建国天凤五年"的铭文，显示出新莽时期年号的特殊用法。

莱子古国是我国西周时期东部沿海地区的一个方国，其地理位置位于今龙口市附近。公元前567年为齐国所灭，莱子国部分贵族被迁到今滕州西南的故城遗址附近，并在当地繁衍生息。西汉时期，朝廷曾严格控制异姓诸侯封地，所封的面积不宜过大，超过县级的侯爵不多，多为乡侯、亭侯。王莽新朝以后提出土地国有，不准买卖，更是严格控制诸侯的封地面积。地方侯爵土地财产多了，就要无偿分给其后代及宗亲。在这种政治背景下，公元16年，莱子国的一个贵族为宗族人分封土地，并派族人褚子良为特使，召集百余人举办了大型的封田祭祀活动，为告诫子孙要珍惜封地，勿坏败，流传于后世，因此撰文、立石。于是便有了这珍贵的"莱子侯刻石"，又称"莱子侯封田刻石"、"天凤刻石"、"莱子侯瞻族戒石"。

"莱子侯刻石"虽只有35个字，却最充分地表现了汉隶的特点。从章法布局上看：此石略成横方形，行距紧密，字距疏朗。行间加竖界栏线，增强了字距间纵向的联系和横向间的张力。前几行的字体较为工整，字迹略小，第四、五行字形渐趋放纵自然。最后两行字形突然放大，向左欹斜，笔画也变得粗重，增加了整体的凝聚感。此刻石本无心于章法，却自然而然地形成了奇特的章法之妙；在用笔上看，较少运用提捺轻重的变化，没有明显的波磔，也没有蚕头燕尾，却将这些元素蕴含在意态中。字中撇、捺、点、转钩舒展自如而有节度。刻工们刀石相契，略有后来篆刻中的单刀直冲之法。这除了与当时的书体有关，更直接的是由于古人刻凿的草草制作手段而造成的意外效果。有趣的是石刻的外框四周都有一条排叠的斜向线段，这应是石工为凿平石面而采用的一种工艺性刻法，但这斜线带却起到了衬托主体字的作用。使边缘斑驳厚重的刻凿与中间的相对空灵形成反差对比，为此石刻平添了一种醇古天然的金石意味。清人方朔评价此刻石："以篆为隶，结构简劲，意味古雅，虽不能如孔庙之《五凤二年刻石》高超浑古，要亦遥相辉映，为西汉隶书之佳品。"郭沫若亦称之为中国书法从篆到隶过渡时期的里程碑。

汉碑三杰之一——乙瑛碑

此碑立于东汉桓帝永兴元年（153年）六月，是孔庙汉碑中最早的一座。全称《汉鲁相乙瑛请置百石卒史碑》，《孔庙置守庙百石卒史碑》，

《孔和碑》简称《乙瑛碑》，现藏山东曲阜孔庙大成殿东庑碑林陈列馆。此碑无额，高260厘米，宽128厘米。碑文隶书，共18行，每行40字。碑后附"后汉钟太尉书；宋嘉祐七年张稚圭按图题记"正书一行。

乙瑛碑内容记载东汉桓帝时，司徒吴雄、司空赵戒以前鲁国宰相乙瑛之言上书朝廷，言明：推崇圣道，勉励六艺。褒成侯（孔子嫡传子孙）四时来祠，事已即去。如今庙有礼器却无常人掌管，故请求在孔庙设置掌管庙中礼器、祭品及往返公文等事

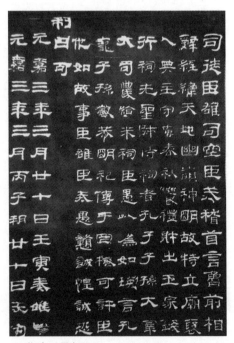

乙瑛碑（局部）

的百石卒史一人，以负责守庙及行春秋祭奠大礼，并表彰前鲁相及有关人员尊孔的功绩。此奏章得到桓帝的准可，下诏书为孔子庙设置百石卒史一人。选年四十以上，经通六艺，能奉弘先圣之礼，为宗室所归者。诏准之日，乙瑛已经满秩离任，后继宰相名平者遵诏杂试，得孔和一人，除为百石卒史，后人为此事立碑记之。民国十五年《高唐县志》谓"乙瑛事迹除请百石卒史碑外无可考，对于本县无直接影响，然其请置百石卒史一事，关心先圣，裨补儒教，其及于人者非浅鲜，且其事列入他篇举非所直，故以为德范之首。"

传世拓本中有王懿荣旧藏明中叶拓本，拓印俱精，所见乙瑛拓本以此为最佳。北京故宫博物院亦藏明拓本，用墨沉细，字形丰厚清明，后有汪大燮观款一段及"赵氏书村珍藏金石"、"萧山朱氏所藏善本"等藏印多方。辽河碑林古代馆中选用的是清拓本，加以文物出版社影印明拓本辑补，以更好地恢复乙瑛碑的原貌。

历代书家对此碑赞誉甚多，碑末宋人张稚圭按图题记中认为是钟繇所书，此说是错误的。明人赵崡在《石墨镌华》中说"元常（钟繇）献帝初始为黄门侍郎，距永兴且四十年，此非元常书明甚，未知张稚圭所按何图。其叙事简古，隶法遒劲，令人想见汉人风采，正不必附会元常也。"

《乙瑛碑》的风格特征是：结体力求规矩大方，中敛旁肆，法度严谨。骨肉停匀，波磔分明，尤其是燕尾的姿势极其优美。用笔方圆兼备，刚柔相济，苍峻朴实而不失潇洒俊逸之气，是汉隶成熟期的典型作品。清代方朔《枕经堂金石书画题跋》云："《乙瑛》立于永兴元年，在三碑为最先，而字之方正沉厚，亦足以称宗庙之美，百官之富。"近代人称它是"东汉奇丽书派的代表"。此碑在书法研究以及孔庙管理机构和沿革的研究上有极重要的价值。

汉碑三杰之一——礼器碑

礼器碑全称《鲁相韩敕造孔庙礼器碑》又称《韩明府孔子庙碑》、《鲁相韩敕复颜氏繇发碑》、《韩敕碑》等，东汉桓帝永寿二年（156年）九月五日刻。现藏山东曲阜孔庙，是汉代碑刻中的精品。

原碑高四尺五寸，阔二尺二寸，厚五分，无碑额。四面环刻隶书，碑阳16行，每行满36字。碑阴共三列，上列17行，中列17行，下列18行。碑右侧共四列，每列各4行。碑左侧共三列，每列各4行。

《礼器碑》碑阳文字的内容大意是：东汉桓帝永寿二年，阴历七月初五，是个黄道吉日。鲁相韩敕追述上古时期，华胥生下伏羲，颜母养育孔丘，他们都是首先制定法统，后来百代都遵循不改。孔子是近代圣人，他为汉朝奠定了朝纲，上至皇帝，下至初学者没有不思念他的，都景仰并作为自己的楷模。孔子的娘舅颜氏族亲，家居鲁亲里，孔子妻族亓官氏，家居安乐里，对孔圣人的亲族应有所照顾。颜氏和亓官氏亲族在乡里免除其徭役，以表尊孔之心。回想孔圣人所经历的世道，礼崩乐坏，秦、项作乱，不尊图书，背道叛德，毁坏了圣人的车舆，抢掠圣人的粮食，结果是亡于沙丘。（以上是韩敕建造孔庙，制造礼器，优抚孔子亲族的原因。）

韩敕于是制造了礼器和乐器：有钟、磬、瑟、鼓（乐器）；有罍、觞、觚、爵、角、壶（酒器）；有俎、桓、笾、洗和柷、禁（盛器）。并修建孔子宅院、庙堂，制造了两辆车舆。朝客用的车威严而又温雅。还疏通河道，清除淤泥，引入清流。依照旧的格式，简而不繁。设施完备而不奢侈。上面合乎天意，下边合乎朝廷礼仪的规范。（以上是韩敕所做的公德之事）

于是四方士仁闻听韩敕光辉的风范，都尊敬赞美他的德行以及

礼器碑（局部）

卓越深远的思虑和业绩。乃共立表石，记载其事迹，并传亿载。碑文后面则是对孔圣人的德行和韩敕功德的赞美文辞（略）。碑阳最后三行、碑阴、碑左右两侧是主事人韩敕的名字，以及百余名捐款造碑人的官职、籍贯、姓名及所捐款数额的记载。

此碑自宋至今著录甚多，据王壮弘《增补校碑随笔》中所见明代有初期、中叶和明末拓本，碑文泐痕、缺失逐渐增多。清初拓本中个别字已与石泐成模糊一片了，乾隆和嘉道间拓本各有变化，光绪以后拓本变化更为明显，近数十年碑石再经磨损，拓本中字划皆线细更模糊难辨了。世上还存有一些重刻者，皆不佳。且石花呆滞，字划软弱，极易辨认。盘锦辽河碑林在古代馆中选用了明拓本镌刻上石，以供观者品味。

汉代隶书日臻成熟完美，特别在东汉桓帝、灵帝时期，刻碑立传之风盛行，出现了一大批不留姓名的书法名家和镌刻家，给我们留下了许多宝贵的碑石。在大量的汉碑当中，《礼器碑》是东汉隶书成熟期的代表作之一，尤其是碑阳的后半部及碑阴是最精彩部分，艺术价值极高，一向被认为是汉碑中的三杰之一。碑石的书风精妙峻逸，端庄秀丽兼而有之。字体工整方纵，大小匀称，左规右矩，法度森严。用笔瘦劲刚健，轻重富于变化，被古人推为汉碑第一杰作。对以后唐代楷书的形成影响很大，曾受到历代书家的高度评价。明郭宗昌《金石史》评云："汉隶当以《孔庙礼器碑》为第一。""其字画之妙，非笔非手，古雅无前。若得之神功，非由人造，所谓'星流电转，纤逾植发'尚未足形容也。汉诸碑结体命意，皆可仿佛，独此碑如河汉，可望不可即也。"清人王澍《虚舟题跋》评云："隶法以汉为奇，每碑各出一奇，莫有同者；而此碑尤为奇绝，瘦劲如铁，变化若龙，一字一奇，不可端倪。"又说"唯《韩敕》无美不备，以为清超却又遒劲，以为遒劲却又肃括。自有分隶以来，莫有超妙如此碑者。"自古以来《礼器碑》一直为历代书家所激赏，推崇。尤其是习汉隶者，更应以《礼器碑》为楷模。

汉碑三杰之一——史晨碑

《史晨碑》刻于东汉建宁二年（169年）三月，因为在石碑的前后两面刻有两种碑文，碑阳称为《史晨前碑》，详称有欧阳修《集古录》的《鲁相晨孔子庙碑》，洪氏《隶释》的《鲁相史晨祠孔子庙奏铭》，翁方纲《两汉金石记》的《鲁相史晨奏祀孔子庙碑》。碑阴为《鲁相史晨飨孔子庙碑》，俗称《史晨后碑》。

据清王昶《金石萃编》记"碑高七尺，宽三尺四寸"无碑额，碑阳刻有17行，行36字。碑阴刻有14行，行36字。文后有武周马元贞等人正书题记4行。清毕沅、阮元在《山左金石志》中记载："此碑下一层字嵌置趺眼，向来拓本难于句读，自乾隆乙酉冬（1765年）何梦华将趺眼有字处凿开，从此全文复显。"此碑文磨灭处极少，迄今碑文完整可读。整座碑石现藏于山东曲阜孔庙大成殿东庑碑廊中。

《史晨前碑》记载鲁相史晨祭祀孔子的奏章，其大意是：东汉灵帝建宁二年（169年）三月七日，鲁相史晨、长史李谦向朝廷上书奏本。史晨蒙受皇恩，得在孔子故里（曲阜）受任符守，于建宁元年（168年）到职，举行秋飨，拜祭明堂。事毕，又到孔子故宅拜谒孔子像，仰瞻屋宇橡木，俯视祭祀的几案供品，神灵所凭依之处，萧条冷落。史晨自以奉钱，修缮几案，增设祭祀的礼器和供品，不敢空手拜谒。史晨敬念孔子：挺立于天地，西狩获麟，为汉室留下法统，缀纪《春秋》，修定礼仪。史晨认为素王（汉代称有治理天下的德才，而不居帝王之位的孔子为素王）虽停留于古代，德行却不亚于历代君王。史晨和李谦恭敬地到辟雍（太学），以太牢（古时以牛祭祀称太牢，以羊祭祀

史晨碑（局部）

称少牢）美酒祭拜。敬重孔子重视教化之举，封土为社，立禝为祀。皆为百姓兴利除害，以祈祝五谷丰登。史晨竭力居官廉政，报效圣上，诚请朝廷圣恩所宜特加。

在这段奏章中，引用了"西狩获麟"的典故，这个记载首先见于我国最早的一部编年史《春秋》。鲁哀公十四年春，哀公到鲁国西境大野泽地（今山东巨野）的田圃内狩猎游玩，随臣叔孙氏的家臣钥商猎获一兽，鹿身、牛尾、马蹄、头上有一肉角，左足被折断。归来后，叔孙氏认为不祥，弃之城外。并派人告诉孔子，孔子前往观之叹息曰："仁兽麟也，孰为来哉！"于是感悲而泣，以衣襟拭面。弟子子贡问："夫子何泣也？"孔子曰："麟之至为明王也，出非其时而见害，吾是以伤之。"时年孔子七十一岁，从此弃笔不再著书。又有传

史晨碑

说：孔子母亲颜征怀孕时祈祷于尼丘山，遇见一麒麟而生下孔子，孔子降生时头顶长得像尼丘山，故取名孔丘，字仲尼。孔子遇麟而生，又见麟死亡，他认为是个不祥之兆，立即挥笔为麒麟写下了挽歌："唐虞世兮麟凤游，今非其时来何求？麟兮麟兮我心忧！"由于孔子感麟而忧，再加上他唯一的爱子孔鲤的早逝，使他悲伤至极，终于在鲁哀公十六年（前479年）与世长辞了。孔子死后，"获麟绝笔"的故事便广为流传下来。后来人们为了纪念"西狩获麟"的故事，在埋葬麒麟的地方（今巨野城东七公里处）建筑了麒麟台，亦名获麟台，或获麟古冢，今已成为县级名胜古迹重点保护单位。

《史晨后碑》记载鲁相史晨祀孔绘礼的具体过程，如修补孔宅周边墙垣，粉刷屋宇，疏通沟渠，引清流注入城池，下令禁止县吏敛民，侵扰百姓，并归还所敛民财，增设孔子及家族冢墓的守吏等善举。碑文所载内容是研究孔庙沿革及祭祀孔庙规格的重要史料。

《史晨碑》为著名的汉碑之一，前后两面书风一致，相传为蔡邕所书。传世最早的拓本为明拓本，北京图书馆有收藏。盘锦辽河碑林古代馆中选用的是文物出版社以明拓本影印的《汉史晨前后碑》中的《史晨后碑》。

由于历史的原因碑文中运用了大量的古体、别体字和当时通行的习惯字。如从篆书进化的字，不合篆书的错误字，与章草相互演化的字，假借字及增减笔画与变形字等，从中可以看出篆、隶进化过程中的演变迹象。

对于《史晨碑》历代书家如清人万经《分隶偶存》、清孙承泽《庚子销夏记》、清方朔《枕经堂金石书画题跋》、康有为《广艺舟双楫》、杨守敬《平碑记》等诸多著作各有评论，且评论极高。但仔细读来，对此碑有一个总的认定：修饰紧密，矩度森然，百世楷模，庙堂之品，古厚之气。《史晨碑》最突出的特点在于其寓变化于字势的自然展开之中，用笔方圆相济，曲直相生，波磔分明，轻重得法。结字扁平方正，伸缩有度，收则简静，放则纵逸。点画布局中宫紧密，外宫疏放，章法布局统一和谐，井然有序。

《史晨碑》是汉代较为精工的碑版之一，被称为汉碑三杰之一。我们从现在的拓本中，依然可以领略到较多的书写笔意，体会到用笔的轻重顿挫和曲直使转的变化。如果说近代发现的汉简为我们提供了汉代文牍书法的真迹，那么契刻精工的《史晨碑》更为我们保留了汉隶规范书法的真面貌，其用笔之精，可谓叹为观止！

曹魏时期的石版经书——三体石经

三体石经相传是三国魏齐王曹芳正始年间（240年～248年）由当时著名学者蔡邕等人主持刻写，经文皆用古文（大篆）、小篆和汉隶三种书体刊刻在同一石版上，上下分为三排。上排刻古文（大篆），中排刻小篆，下排刻隶书，依此往下排列。在史籍中原称"三字石经"，后称"魏石经"或"正始三体石经"，立于河南洛阳太学门前"熹平石经"旁边（今河南偃师县朱家圪垱村）。其内容有《尚书》、《春秋》和《左传》，关于石碑的数量历代著书说法不一：《水经注·谷水注》说有48碑，《西征记》说有35碑，《洛阳伽蓝记》说有25碑……王国维依据所出土的残石行款排比推断，认为35碑的说法更为确切。石经毁于西晋"永嘉

三体石经

之乱"至北魏孝文帝迁都洛阳时，太学旧址和汉魏石经尚存一部分，尔后虽加以补建，亦未建就，最后竟将其移作建浮图精舍等用。

自宋以来"三体石经"残石不断在太学遗址中出土，马衡先生曾统计得2576字，这仅是对解放前所有出土、传世石经残块上文字的总结。尤其是民国十一年（1922年）在洛阳城东三十里的朱圪垱村也发掘出三体石经残石一大块。石版上两面刻字。碑阳存字34行，刻有《尚书·无逸》篇，碑阴存字32行，刻的是《春秋·僖公文公》中部分内容。出土时拓工赵道传拓十二本，次日即被村民砸成两块，当时又损毁了25字，其中一块现藏中国历史博物馆，另一块现藏河南省博物馆，均属国宝级文物。

著名考古学家马衡先生当时得知此消息，三次赶赴洛阳，购得石经未断损前初拓的十二本之一，后来捐赠给北京故宫博物院，此墨拓本迄今可称为残碑的足本了，弥足珍贵。

三体石经是当时钦定的儒家经典定本，刊刻石经的主要目的是"以弘儒训"，"以重儒教"。石经上的文字可以校正古文献内容，可以规范文字和书体，这是我国校勘史上的一创举。

碑石刻成后全国各地的学生纷纷前来校拓，这对当时经学文化的传承起到了很大的作用。经文中也保留了相当数量的战国古文字，是研究古文字学的珍贵资料，受到相当的重视。

碑文的撰写究竟出自何人之手呢？历代学者莫衷一是。有人认为是出于汉魏间的著名书法家邯郸淳之手，有人认为是魏国书法名家魏觊所写，有人认为是魏国张揖手书，有人认为是魏国文学家嵇康笔作，有人认为是魏国书家韦诞所为。但是据一般常理来推断，像这样数量众多，规模宏大的刻经作品并非一人所能及，而是那个时期的名书法家集体创作较为可信。由于原碑毁损严重，自宋以来出土残石均未见有书写人的姓名，加上《三国志》等文献的阙载，在新的考古资料发现之前，谁也无法妄加推断。

辽河碑林节选部分残石内容镌刻上石。因为碑石已是残段，古文又是竖行书写，因此我们看到的只能是断言片语。和古文献对照可知有《春秋》中僖公三十一年至三十三年间和文公元年的国事纪实；还有《尚书·无逸·君奭》的部分内容。

《春秋》是编年体春秋史，为儒家经典之一。相传孔子依据鲁国史官所编《春秋》加以整理修订而成，起于鲁隐公元年（前722年），终于鲁哀公十四年（前481年），计二百四十二年。《春秋》言辞隐晦，表述过于简约。为了更直白地表述经文的内容和意义，很多学者为其著文诠释，以补原书之不足。据《汉书·艺文志》记载，汉代注释《春秋》的有五传，后来《邹氏传》、《夹氏传》已佚，只有《左氏传》、《公羊传》、《谷梁传》流传至今，被称为春秋三传。从现存残石经文中我们可以窥到春秋时期所发生的脍炙人口的"蹇叔哭师"、"秦晋崤之战"的史实。

《尚书》古又称《书》或《书经》，分《虞夏书》、《商书》、《周书》三部分，是记载上古政事之书。《无逸》是《周书》中的一篇，史称周公为周成王而作，距今已有三千多年的历史。文中告诫成王不要沉迷纵酒，戏游田猎等享乐，要勤于政事，知稼穑之艰难，知民众的疾苦。特别要善于听取别人的劝诫，不要听信谗言，不要乱罚无罪，不要乱杀无辜。通篇以历史为鉴，用正反面历史人物说明勤政恤民，不贪安乐，不怠政务，享国能久的道理。

在三体石经中古篆书的形体与《说文》所收的古文相符，笔划首尾出锋，结字以丰上锐下，丰中锐末，随体诘诎。近似诅楚、籀文和蝌蚪文。小篆却与秦刻石和权量铭文有别，字形微呈方形，给人一种比较稳重的感觉，可以说是汉篆的集大成者。隶书基本上仍属汉隶风范，虽然缺少汉隶之豪迈气韵，却已摆脱了古隶和八分的夸张之势。书法极精，规矩谨严，波磔得势，字体方整敦厚，刀工纯熟，成为后世人们探求中国书法艺术变迁的第一手实物资料。

草书之祖——章草急就章

《急就章》又称《急就篇》，是我国古代的一种儿童启蒙读物。相传为西汉元帝时的黄门令史游所著，书分三十四章，内容大抵按姓名、衣物、饮食、器用等分类，全部用韵语编撰，多数为七字句，便于记诵，是供当时学童识字用的课本。

此片的开端是"急就奇觚与众异，罗列诸物名姓字，分别部居不杂厕，用日约少成快意，勉力务之必有意，请道其章。"因首句有"急就"二字故以命名为"急就章"。宋人晁公武在《郡斋读书志》中释"急就者，谓字之难知者，缓急可就而求焉。"

自古以来《急就章》成为书家们书写的范本，迄今为止可知比较完整的早期作品当以皇象所书的最有代表性。

皇象是三国时期东吴国的书法家，字休明，江都（今江苏扬州）人，官至侍中。自幼工书法，曾从师杜度，善篆、隶、八分、章草，其篆体精能，八分雄逸，章草妙入神品。他的书法被赞为"中国善书者不能及也"。他学习别人的书法，能取各家所长而成自家面目。相传作品有《文武帖》、《天发神谶碑》、《急就章》。《三国志·吴志·赵达传》记载，当时人们将皇象的书法与曹不兴的绘画、严武的围棋等并称为"八绝"。相传北宋内府珍藏皇象书《急就章》真迹，可惜已佚。据北宋米芾《书史》载："象有《急就章》，唐摹奇绝；在故相张齐贤孙，山阳簿直清处。"宋人叶梦得曾以此唐摹本勒石。明正统四年（1439年）吉水人杨政以叶氏之颖昌本重新摹勒入石，共1394字，置于松江学府，俗称"松江本"。后边有宣和二年（1120年）叶梦得跋和杨氏自跋，但刻石中缺失五段文字，现藏上海松江县博物馆。其他古本未见流传。"松江本"刻本曾

章草急就章

被近代著名学者罗振玉、于右任和中华书局影印于市。启功先生所收藏的明拓《松江本》是所见到的较佳拓本，辽河盘锦碑林则是以此拓本的影印本镌刻上石的。

中国古代任何一种书体，在日常使用中都有简便易写的需求。每当疾书时，便会出现随手省减笔画和潦草的趋势。为了便于文字的广泛使用，各个朝代势必要对当时流行的文字加以规范化，而颁定标准字样，就如同我国现行的标准简化字一样。

草书就是人们为了书写便捷而创造的一种笔画连绵，结构省减的字体，草之本意在古代时含有草率、急就的意思，草书出现后又有章草、今草、狂草之别。章草是最古老的草书字体，开了草书的先河，不但在书法发展史上承前启后，而且对汉字的演化也起了很重要的作用。它的发展历史并不长，盛于东汉。相传东汉章帝时，齐相杜度善作章草，当时很多识文断字的人，也都用章草记述事情，书写信笺。汉章帝更喜爱章草，曾诏令杜度用章草作奏章。可见公元1世纪中叶以来，章草字体已经不仅是出于匆促书写，而是被社会大众，尤其是皇家所珍视和仿习的书体了。

传世的著名章草碑帖有西汉史游的《急就章》翻本，西晋索靖的《月仪帖》、《出师颂》，西晋陆机的《平复帖》。尤其是皇象以章草书写的《急就章》更为后人所喜爱和仿摹。其特点是笔势简古劲健，多有隶书笔意。字字独立，不相连属。既凝重含蓄，又如游丝飞动。结字工整，法度森严。整篇观之，气息古朴温厚，沉着痛快。对喜爱章草的人来说，是学习章草的优秀范本。唐人张怀瓘在《书断》中评论：皇象"章草入神，八分入妙，小篆入能"。"章草师杜度，右军隶书以一形而众相，万字皆别。休明章草虽相众而形一，万字皆同，各造其极。"唐人窦臮在《述书赋》中也形容皇象的字如"龙蠖蛰启，伸盘复行。"这是对皇象所书章草的最生动形象的比喻了。历史上专以章草留名的书法大家虽然并不多，但多数大家却都研习过章草，并由此有所创新，形成自己的风格。

从汉末至唐代，草书从带有隶书笔意的章草，发展成为韵秀婉转的今草，以至奔放不羁、气势磅礴的狂草。各朝各代诸多的草书大家们都从章草中吸取了丰富的营养，使得我国的草书历代相传，兴盛不衰。

楷书艺术之鼻祖——宣示表

《宣示表》原为三国时人钟繇所书，钟繇（151年～230年）是曹魏时期伟大的书法家。字元长，颖川长社（今河南长葛）人（也有说是许昌人）。自幼专心读书，后举孝廉为郎，历官尚书仆射，封东亭武侯。魏国初建时迁升为相。魏明帝时官至太傅，封定陵侯，人称钟太傅。工书法，师从曹喜、蔡邕、刘德升。博取众家之长，兼善各种书体，尤精于楷书。钟繇身处魏晋汉字由隶书改为楷书的转型时期，创立了汉字楷书的体式规范，被后人称为楷圣。北宋《宣和书谱》称之为"备尽法度，为正书之祖"。"点画之间，多有异趣，可谓幽深无际，古雅有余，秦汉以来，一人而已。"钟繇的法书墨迹前人多有著录，以"四表"最受推崇，即刻帖《宣示表》、《贺捷表》；古临本《荐季直表》，但已经毁于民国年间，只有影印本传世；还有《力命表》等都出于后人临摹。这些作品都是我国早期楷书的杰出代表，垂范于后世。其中《宣示表》是钟繇的小楷代表作之一，尤负盛名，被后世奉为楷书法宗。2007年我国发行《楷书》邮票时，即首列钟繇《宣示表》。

如同王羲之的《兰亭序》一样，《宣示表》的流传也有许多传奇故事。据史料记载，东晋的天下是由皇家司马氏和琅琊王氏家族所共享的，

章草急就章

103

当时王氏一族的代表人物是位列司空和侍中的王导和位列大将军、荆州刺史的王敦，他们两人是东晋王朝权力最顶峰的两大权臣。《宣示表》原在王导家中珍藏，就是在战乱之际，王导仓促东渡过江时也没有忘记把这件珍贵墨迹缝在自己的衣袋中。而后，王导把《宣示表》传给了侄子王羲之。羲之也珍爱之极，照此临摹后又将原件送还给表兄王修，王修也视如重宝，爱不释手。王修过世后，其母将其放入棺中陪葬，从此《宣示表》绝迹于人间。

现在人们所能见到的钟繇《宣示表》只有王羲之的临摹本，北宋年间曾藏于内府。宋太宗淳化三年时，出其内府所藏的历代名家墨迹编撰刻成丛帖，被后世称为法帖之祖，世称《淳化阁帖》（简称阁帖）。而《宣示表》就始见于《淳化阁帖》丛帖中。南宋末年归权臣贾似道收藏，贾氏也十分珍爱《宣示表》，令门客廖莹中、名工匠王用和摹刻上石。从此社会上又流传出《宣示表》的单刻本（单帖）了。

在中国古代碑和帖是关于刻石文字的两个概念，从形制上说，碑是竖石，帖是横石（也有用木刻的）。从内容上讲，碑是用于记功述事，以志纪念。而帖则是将古代名人的墨迹（书札、诗文）摹勒上石，其制作目的是为传播书法作品。帖石刻成后，或置于室内，或嵌于壁中。以纸墨拓下后装裱成册，以供欣赏或临摹。

《宣示表》是钟繇写给魏文帝曹丕的一个奏章，内容是劝曹丕接受孙权的归附请求。文中用语十分谨慎谦恭，表现出钟繇当时忧国勤君的心情。全文大意如下：尚书在朝廷上宣读了孙权的请求，以公文通告，就是为了让大家都知道。下传给群臣，想必是让臣子们献计献策。古代贤君治国，可以采纳粗野之民的建议。而钟繇我最初也是贫贱的人，与先帝无有过密交往，却受到许多恩惠，意外地受到宠爱，于公于私都得到重视。这种优厚的待遇一直至今。钟家两世荣华，蒙受国恩，岂敢不自思量，我常常夜不能寐，想到自己粗鄙疏浅。圣上对孙权投降的请求不以为然，我就不敢再申述自己的意见了。但又想到如今的天下，现已大部分为魏国平定，孙权之所以来献礼投诚，想必是震慑于陛下的天威，估计他是有诚意的，没有其他的想法。高高在上者就容易与人疏远，况且我们也没有让他们见到诚信。如今孙权拿出诚意来，想要我国相信他，其实他很担心我们会不相信他，这时我们应该以诚待之，安抚他的不够自信。他所请求的，不应该不答应。如果答应了，他的使者回去以后，也不必指望他一定能信守诺言；如果对他的请求不答应，他势必就会和我国为敌了。答应了他而他真的不来归附，那失信在他。俗话说：为什么会受处罚？就是答应给人的东西又抢回来，为什么会被激怒？就是已答应了却不给他。我反复思索，觉得朝廷公示的孙权所上之书，如何定夺，终归是圣上考虑的事，非臣下所能左右的。当年我与荀彧（字文若）侍奉先帝之时，也曾遇到过几件事，与今天的情况类似。简单地说两件，（两件事文中未提及）我觉得对如今的形势，应该有所参考，惟愿陛下斟酌。如果您认为我的想法有道理，也不需要回复，决定权在陛下。考虑到我的建议有可能不被采纳，所以我就不亲自把这个表交给陛下了。

《宣示表》（阁帖）在用笔法则上刚柔相济，点画遒劲而显朴茂，字体宽博而多扁方，早已摆脱了八分古意，楷书的勾、挑、撇、捺等笔法尽现帖中。在结体上势巧形密，胜于自运。章法和谐灵通，境界超妙，正如梁武帝萧衍赞曰"钟繇书法如云鹄游天，群鸿戏海……"此帖较钟繇其他作品更显出一种成熟的楷书体态和气息，充分表现了魏晋时代正走向成熟的楷书的艺术特征。这种风格直接影响了王羲之父子二人小楷面貌的形成，帖中所具备的点画法则、结体规律等，也影响和促进了楷书高峰——唐楷的到来。进而更影响到元、明、清三代的小楷创作，因此钟繇《宣示表》无愧于中国书法史上楷书艺术的鼻祖。

龙门二十品之一——牛橛造像记

洛阳南郊的龙门石窟规模宏大，成千件雕刻塑像和石刻文字罗列其间，都是佛教徒所捐造的佛像，他们顶礼膜拜，作为祈福消罪的最大功德。古阳洞在龙门石窟的南端，开凿于公元493年，是龙门石窟中开凿最早，时代延续最长，佛教内容最丰富，书法艺术最高的一个洞窟，也是北魏皇室贵族发愿造像最为集中的洞窟。洞内四壁及窟顶雕刻各式佛龛多达1000余个，雕刻题记800多品，也是中国石窟中保存造像题记最多的一个

牛橛造像记

洞窟。造像题记内容比较简略，多以造像时间，造像供养人官职、籍贯、出资造像的因由及发愿文为主题，依此来颂赞佛法，祈求福佑。它们往往是石窟凿作年代的可靠依据。对研究当时的风格、民族、官职、地理环境等社会情况有很高的参考价值。

其中有一处"牛橛造像龛"在古阳洞北侧，龛高140厘米，宽106厘米，深21厘米，圆券顶，龛楣刻有童子、莲花、飞天，龛楣下方左右立着身着胡服的供养人，主尊是戴宝冠交脚弥勒坐像，两狮蹲踞弥勒膝下，交脚下刻力士手托弥勒双足，形象生动逼真。龛中有造像记，高100厘米，宽34厘米，楷书7行，行16字。是长乐王丘穆陵亮夫人尉迟氏（后改"尉"姓）为亡去的儿子牛橛所造，全称"长乐王丘穆陵亮夫人尉迟为亡息牛橛造像记"也称"牛橛造像记"或"尉迟造像记"。北魏太和十九年（495年）十二月立，是龙门造像题记中之纪年较先者，为龙门造像名品之一。辽河碑林将其造像题记镌刻在古代馆中，以供观者欣赏。

题记录文：大和□九年十一月，使持节司空公，长乐王丘穆陵亮夫人尉迟为亡息牛橛请工镂石，造此弥勒像一区，愿牛橛舍于兮段之乡，腾游无碍之境，若存托生，生于天上诸佛之所，若生世界妙乐自在之处，若有苦累，即令解脱。三涂恶道，永绝因趣，一切众生咸蒙斯福。

牛橛之父丘穆陵亮，原姓"丘穆陵"，梁武帝后改姓"穆"，字亮。自幼好读书，早有风度。据《魏书·高祖记》载，丘穆陵亮在北魏孝文皇帝延兴元年（471年）徙封长乐王，后迁使持节、征西大将军、西戎校尉、仇池镇（今甘肃天水市南）将军职，后置司州，举为司州大中正。高祖孝文帝南征，亮为录事尚书，留镇洛阳，受宠于高祖。后因兄罢市自劾，徙封顿丘郡（今河南濮阳市北）开国公。景明三年（502年）死，享年52岁。亮一生官职甚多，此造像记择其最主要的职位来刻记，以显示其荣耀。造像时间约在高祖南伐，丘穆陵亮留镇洛阳之际。

北朝书法风范表现于大批造像、题记、碑刻、墓志当中，北魏太和十八年（494年）孝文帝迁都洛阳，洛阳一时成为北方文化中心。王室提倡佛教，于是龙门开凿石窟，刻制佛像之风大兴，这些造像大都附有造像题记，给后世留下了非常丰富的书法艺术遗迹。虽然大多数书写者没有留下姓名和身世，但这恰恰证明了北魏书法活动的群众性。他们的书法水平是很高的，他们从多姿多彩的楷隶参半的字体为起点，以雄强矫健、生动活泼的崭新书体形象，逐步形成了结构严谨、姿态平稳，分势完全消失，基本统一了的楷书风格。

龙门石窟造像题记以《牛橛造像记》、《始平公造像记》、《杨大眼造像记》、《孙秋生造像记》、《魏灵藏薛法绍造像记》等最著名。这些书法都是北魏书体的代表作品，且各具特点。清代以来人们仿效古代"画品"、"书品"的称谓，对龙门造像题记加以评选，皆冠以"品"的雅号，相继推出了"龙门四品"、"龙门十品"、"龙门二十品"等名目。

《牛橛造像记》是属于端方峻整，风格雄强，结体紧劲之中而又开张舒展的一品。在题记中的每个字都是精进挺峭，横划起笔多做侧锋斜入，捺划波势锐利，点成三角，垂笔作悬针状，转折处重顿，具有凌厉果断、爽朗峻拔之风。字形趋扁，结体茂密而左右舒展，神态宽博旷达而意境高古，在北魏楷书中属精品力作。

清代道、咸以降，碑学日盛，书法界对龙门石刻书法艺术兴趣日浓，直到民国初逐渐出现了《龙门四品》、《龙门十品》、《龙门二十品》等几种拓片选本，尤以《龙门二十品》最为流行。其中有：有正书局石印《龙门二十品》；日本二玄社《书迹名品丛刊》辑入胶印本；日本《书苑》龙门造像专号；艺苑真赏社珂罗版印《龙门造像廿品》；文物出版社以北京图书馆所藏清乾嘉拓本精印了《龙门二十品》。辽河碑林据此将其造像题记镌刻在古代馆中，以供观者欣赏。

从乾嘉至清末，龙门书体受到了诸多书家学者的极力推崇。包世臣在《艺舟双楫》中称颂"北朝人书，落笔峻而结体庄和，行笔涩而取势排宕"。康有为在对龙门二十品进行了深入细致的研究后，在《广艺舟双楫》中予以高度评价，赞其有十美："魄力雄强，气势浑穆，笔法跳跃，点画峻厚，意态奇逸，精神飞动，兴趣酣足，骨法洞达，结构天成，血肉丰美。"并说"魏碑无不佳者，虽穷乡儿女造像，而骨血峻宕，拙厚中皆有异态，字亦紧密非常…故能择魏世造像记学之，已自能书矣。"

龙门四品之一——始平公造像记

《始平公造像记》全称《比丘慧成为亡父洛州刺史始平公造像记》，北魏太和二十二年（498年）九月十四日刻于河南洛阳龙门石窟古阳洞内北壁上，（由于时间久远，石质漫漶，也有太和十二年之说法）是比丘慧成为亡父始平公许愿而造佛像并刻写题记。主佛结跏趺坐，佛两侧二胁侍菩萨。造像记在龛的右侧，高130厘米、宽40厘米，是龙门二十品中唯一的阳刻作品。清乾隆年间钱塘人，著名金石学家黄易（字小松）访碑时发现，始显于世。造像记由孟达撰文，朱义章书写，阳文楷书10行，行20字，有方界格。题额亦楷书阳文凸起："始平公造像一区"二行六字，亦有方界格，为北魏石刻中所罕见。虽然题记留有撰文者、书丹人姓氏，但二人无传，身世不详。

造像即雕刻佛像，造像立碑始于北魏，多以释迦多宝、弥勒、观音为多，最初只是刻石。或刻于山崖，或刻于碑石，或造佛龛，而后逐渐施以金涂彩绘，造像者自称佛弟子、正信佛弟子、清信女、优婆塞等。并刻下题记来颂扬佛法，祈福消灾减罪。《始平公造像记》就是当时所造石像留下的一篇题记。

据《校碑随笔》和《善本碑帖录》记载，所见传世最早的旧拓本应是乾隆年间拓本，在题记的无字处石质漏出细麻点。但是在清道光年间，碑石被人为挖凿毁损，无字处的细麻点全都铲尽，字划的锋棱处也大不如从前，而题记中的一些字也随时光的流逝而逐渐漫漶不清。因此辨认字迹

的损泐程度，就可以鉴别拓本的年代先后和真伪了。北京图书馆珍藏有清至民国时期所拓龙门石窟石刻题记拓本两千余种，六千余件，于20世纪精选出2016品汇辑出版。另有艺苑真赏社珂罗版印《龙门造像廿品》；有正书局石印本《龙门廿品》；日本二玄社《书迹名品丛刊》辑入；日本《书苑》龙门造像专辑号；文物出版社《龙门四品》辑入未铲底时拓本。辽河碑林依据私人收藏的拓片并以文物出版社影印本辑补镌刻上石，以供学者欣赏。

《始平公造像记》内容与石窟中其他题记大同小异，都是为死者超度亡灵。祈求弥勒菩萨福佑亡父"凤翥道场，鸾腾兜率"。（意指灵魂如凤举飞于礼佛圣地，如鸾腾游于欲界六天中的第四天，受乐知足而生欢喜之心。）若有来世托生于人间，则享尽"三怀独秀，九棘云敷"的官运亨通之福。（三槐是指古代朝廷中外朝所置三棵槐树，三公位于其下，凡指三公之位。古代朝廷树棘以分别朝臣的品位，左右各九，称"九棘"。左九棘：孤、卿、大夫之位，群士在其后。右"九棘"公、侯、伯、子、男之位，群吏在其后。）其文字是北魏书法艺术全盛时期年代较早的作品。全部文字一反南朝靡弱的书风，大胆创新，书写得森严方朴，变柔为刚，变藏为露，开创了北朝书风的典型，实为北碑石刻中之异彩。

《始平公造像记》为阳文镌刻，而位于龙门石窟层崖高峻之上，极难刻凿，足以证明当时工匠技艺之精湛。正如康有为在《广艺舟双楫》中称他们是"工绝一时，精能各擅"的书家，又评曰："雄莫

始平公造像记

中国辽河碑林

109

如朱义章"。观此题记，用笔拙实浑厚，棱角毕见，即不生硬有金石气韵，又饱含书写味道，给人以外刚内柔之感。刀锋笔锋合一难分，可谓方笔之极轨。虽有界格为限，但字之大小欹正并不受拘束，极意肆宕。就每个字来看，其头尾成斜角，锋芒毕露，雄峻朴茂，气豪神强；就整体观之，字与字巧于穿插揖让，显得疏朗空灵而逸宕。不仅突出了北碑严谨方朴的风格，又更多的显现了脱尽隶意的楷法。这种个体与整体有不同观感的妙处，应该是书法艺术上值得探索的重要课题。

历来人们都对《始平公造像记》的书法给与极高的评价，康有为认为"遍临诸品，终于《始平公》意极疏荡，骨骼成，体形完，得其势雄力厚，一生无靡弱之病"。尤其是当代书坛巨擘启功先生在《论书绝句》中咏道："龙门造像字势雄，就中尤属始平公。学书别有观碑法，透过刀锋看笔锋。"又自加小注云："龙门造像题记数百种，拔其尤考，必以始平公为最。""始平公记，论者每诧其为阳刻，以书论，故不以阴阳刻为上下床之分焉。可贵处，在字势疏密，点画欹正，乃至接搭关节俱不失其序。"无愧于龙门四品之最。

龙门四品之一——魏灵藏造像记

《魏灵藏造像记》全称《魏灵藏薛法绍造像记》，题记楷书10行，行23字。有额，楷书3行9字，额中间竖题"释迦像"，字略大于两侧，额左题"薛法绍"，右题"魏灵藏"。北魏造像习惯用别体字，此题记尤多。虽刻造时间无明确记载，但书法风格酷似同窟的"杨大眼题记"，或疑同出于一人之手，当属北魏刻石无疑。原石身高75厘米、宽40厘米、额高15厘米、宽15.5厘米，是龙门造像题记中碑刻和书法艺术的精品，也是龙门四品中的重要组成部分，现存洛阳龙门石窟古阳洞北壁。清乾隆年间钱塘著名学者黄易访拓后始公布于世。

此题记在乾隆年间有拓本，其中第三行"腾空"中"腾"的马字尚存，"空"字未损，共二百十五字。石上有一裂纹，顺势有四处是空格无字。光绪年间的拓本中"空"字已泐大半，民国十年又被凿损百余字，碑额已仅存"藏迦像薛法绍"几个字了。北京图书馆藏有两种拓本，一种是整拓本原属江南苏州顾氏和常熟瞿氏旧藏，钤"顾氏所收石墨"等印。从拓本中字的泐失情况断定，应是乾隆嘉庆时尚佳拓本。另一种是裱拓本，原属木堂集拓之一。此外还有影印本流传于世：有正书局石印本；日本二玄社辑入《书迹名品丛刊》；日本《书苑》龙门造像专辑；艺苑真赏社珂罗版印《龙门造像廿品》；文物出版社也有影印本刊行。辽河碑林则据此影印本将此题记和牛橛造像、始平公造像并列镌刻上石。

此造像题记的内容也同其他题记大同小异，先叙述造像人的官职、姓名、籍贯，后陈述发愿祷语，内容比较简单，都是一些程式化的套语。大意是：钜鹿人陆浑县功曹（相当于郡守的总务长，掌管地方人事、政务的官员）魏灵藏和河东人薛法绍"敢辄罄（用尽）家财造石像一区"来祈愿"乾祚兴延，万方朝贡"（国运昌盛），愿藏等人"挺三槐于孤峰，秀九棘于华苑（官运亨通，位于朝臣之品）。芳实再繁，荆条独茂，合门荣葩，福流奕叶"（家族兴旺，子孙发迹）。"命终之后，飞逢千圣，神飏六道"（亡者直生佛国）。

魏碑体是一种隶书向楷书过渡的独特字体，字形端正大方，气势刚健质朴，结体均衡聚中，用笔锋芒毕露，在我国书法艺术发展史上占有重要一

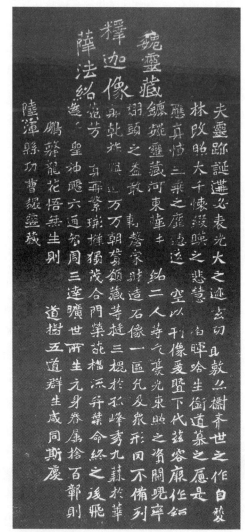

魏灵藏造像记

页。在魏碑体中，书法艺术价值最高，影响最广，最为人们青睐的便是"龙门廿品"了。其中古阳洞就占十九品，而"魏灵藏造像记"便是典型代表之一。此题记在起笔上往往是锋颖外露，棱角若刀，笔画挺直有力。在折笔上多用方棱，收笔有时敛毫而止，有时放锋犀利。结体纵横有度，字距行间严整肃穆，端庄隽洁，足以显示出用笔之妙。

龙门石窟造像记是龙门石窟保存下来最翔实的石刻文字档案，是研究龙门石窟营建史和当时社会生活的最可靠的文字资料。同时，这一丰富的文化遗存，又为研究北魏至隋唐以来的佛教、历史、文字及书法艺术等提供了重要的史料。

北碑之最——元谧墓志

洛阳是我国少数民族鲜卑拓跋部建立的北魏王朝最后的都城。在北魏迁都洛阳的四十年间（494年～534年），由于孝文帝实施先进的汉化政策：说汉语，穿汉服，改汉姓，行汉制，并以洛阳人自居。死后葬于北邙山，不准再回旧都平城（今山西大同）。北魏王朝承袭汉代厚葬习俗，王公贵族墓一般都使用精美的石棺和石棺床，都刻有墓志，将逝者的生平简历和亲属的颂词刻于石上，藏于墓穴之中，以此作为墓葬的标记，传芳不朽。日后一旦陵谷变迁，墓穴被毁，仍可据此再葬。北魏墓志体大，以石灰岩质的石料精制而成。志盖和志石四侧多用阴线刻出精美的花纹图案和神兽异禽形象，可见北魏时期对墓志的重视。

《元谧墓志》于1920年在洛阳安驾沟村出土，志盖已失，志石现存开封市博物馆。刻石年代为正光元年（520年）十一月十四日。据志文记载，墓主人元谧，字安国，是北魏显祖献文皇帝之孙，使持节、车骑大将军、都督中外诸军事、特进司州牧、赵郡王之第五子。历官羽林监，直阁将军，享年三十一岁。于北魏神龟三年三月十四日薨于洛阳，谥号宣公。死后，皇帝悼怀，追赠假节、镇远将军、恒州刺史，于当年十一月十四日葬于洛阳北邙山皇家墓地。

元谧为拓跋氏，北魏皇族弟子，《魏书》中无传，仅在《献文六王

大魏故假節鎮遠將軍恒州刺史諡
宣公九使君墓誌銘
君諱諥字安國河南洛陽人也顯祖
獻文皇帝之孫使持節車騎大將軍都
督中外諸軍事羽林監直閣將軍薨于洛
陽有五子帝用悼懷追贈假節鎮遠將軍恒
州刺史十一月十四日窆於洛陽之
西山涇澗慶源伊始肇姬媲姒
丹電流暉慶源宗茂英華水蔎亭亭孤朗如
理紫瑑璋內城宗茂英驎趾爰娉媹襆複漢壇
秀起瑶瑲固維城……
彼秋月昂昂獨蘤如彼歲沒天津未
雲翮已摧頹光祕響注寒來陳衣盡
庭真酒空臺九京傳想逝矣悠哉

元譿墓志

赵郡王传》中略有提及。元譿的父亲元干，字思直，是献文皇帝拓跋弘与韩贵人所生长子，是孝文帝拓跋宏同父异母弟弟，太和九年封河南王。迁都洛阳后，改封赵郡王。初常伴驾出征，立功建勋，得到孝文帝的信任。后来由于任职期间贪淫，不遵典法，遭到弹劾。而自己却毫无忧悔，使孝文帝十分忿惋，将其"杖之一百，免所居官，以王还第。"享年三十一岁，死后，谥曰灵王，陪葬长陵（北邙山麓）。元譿为元干之子，魏书中载"羽林监，直阁将军，早卒，赠帛五百匹，赠镇远将军，恒州刺史"。这与墓志中"历官羽林监，直阁将军"相吻合，而墓志中提及的墓主人字号、死葬时间、葬地及谥号在传中均未记载，因此说墓志可补史之阙，是一难得可信的实物印证。在北魏纪年中，神龟三年七月已改元"正光"，而墓志中的下葬日期前面未冠以正光年号，应是撰志者的疏漏。

墓志高54厘米，宽55厘米，厚10厘米。楷书16行，行15字，未留撰书人姓名。志石完好，字迹清晰，文字完整，为北魏墓志之佳品。此墓志内容镌刻在辽河碑林古代馆中。志中的用笔在丰腴遒润中见俊秀之姿致，结体在端正疏朗中见淳重挺拔之气势。以中锋为主，钩趯及捺笔多以侧锋而出之。虽少有粗细之变化，但起止笔方圆兼备。在笔势上，点的形态变化较为丰富，或呈棱形，或呈平仰状态，如画龙点睛，显得清劲而见神采。横画向右上倾斜紧凑，撇画舒展飘逸，捺划出锋有力而含蓄。从整体观之，字形长而挺，宽而阔。结字个个萧散，而实有风神。再从镌刻技艺上看，镌志的工匠在长期的实践中，继承了汉魏以来石刻的优秀传统，又在北魏民间造像题记书法中吸取了营养，总结出了一种便捷简直的刻凿方法。如"点"用三刀切出，"画"用四刀錾出，大刀阔斧，不事转弯抹角。因而使得字中的"点"棱角锐利，呈三角形。"横"线条挺直，犀利如切。"折"角出英锐，外方内圆。"捺"则刀截斧断，干脆利落。因此说，此志是书写者杰出的书法造诣与镌刻者精湛的雕刻技艺的默契配合，才创造出如此珠联璧合、娴熟自然、潇洒清逸的成功之作。

北碑之最——元怀墓志

洛阳北邙山之麓，自东汉以来，是帝王将相和名人雅士安身长眠的乐土。东汉、曹魏、西晋、北魏四个朝代的陵寝、兆域比邻横列，据不完全统计，自清代以来，仅出土碑刻墓志达四千余件，堪称邙洛地下碑林。这些墓志多系民国年间被盗掘出土，散失各地，甚至流落国外。其中新安铁门千唐志斋藏1300余件，洛阳古代艺术馆藏1100余件，开封市博物馆碑林藏800余件，辽宁省博物馆和西安碑林博物馆藏有数百件，这是邙洛墓志比较集中的五处。在这四千多件邙洛碑志中，北魏墓志约有二三百方。

《元怀墓志》刻于北魏熙平二年（517年），无首题。青石质。志石高81厘米，宽80.5厘米，厚19厘米。楷书16行，满行20字。志石完好，志盖已失，无撰书人姓名。1925年3月出土于河南省洛阳城北张羊村，现藏开封市博物馆。

墓主人元怀是北魏宗室，献文皇帝拓跋弘之孙，孝文皇帝元宏之子。

《魏书·孝文五王传》和《北史·孝文六王传》均有记载，但已阙如，此志可补其阙，史料价值及其珍贵。《元怀墓志》在赵万里《汉魏南北朝墓志集释》、罗振玉《松翁近稿》中均有著录。国家图书馆有原章钰旧藏拓片，上有章钰题签，钤"霜根"印。辽河碑林将元怀和元譓两方北魏墓志镌刻上石，镶嵌于古代馆内。

元怀（487年～517年）字宣义，是宣武皇帝元恪的同胞母弟，孝明皇帝元诩之叔父，封广平王。据史书和志文所载，元怀生于北魏太和十一年（487年），由于其皇兄元恪即位后猜忌本族，迫害激烈，甚至不放过同胞手足。以惩治奢侈之由，将元怀召入宫中，软禁在华林别院，令四门博士董征授以经传。直至宣武帝元恪死后，此时元怀已29岁，才得以走出宫门还归家中。延昌四年（515年）孝明皇帝元诩即位时因年幼，由其母胡太后专权。为笼络人心，任命骠骑大将军元怀为司空、太保（位于三公，正一品）领司徒，实际这是个有职无权的官。熙平二年（517年）三月二十六日"斯未足经年，便以亡故"。元怀死后，"皇帝显以殊礼，备物九锡，谥曰武穆"。礼葬时，"皇太后舆驾亲临，百官赴会"。公元532年，元怀第三子元修继承皇位为孝武帝，追尊父亲元怀为武穆帝。可怜元怀，短暂人生，除却宫中饱读经书以外，一生窝窝囊囊，了无作为。

北朝诸墓志体态多姿，各具风韵，不胜枚举。其中《元怀墓志》因出土较晚，未经耗损剥蚀，字迹清楚，棱角清晰。再加之镌刻精妙，显出平正工整，茂实刚劲之风骨。此志书法以大字书写，用笔方劲圆润，结体宽博，布局疏朗。笔画隽逸，意态雅正。

从该墓志方形字体的结

元怀墓志

构上看，横画较长，左撇右捺呈斜角，尚存隶意。笔画的聚焦点常放在字的中上部，字下部的笔画空间略呈三角形，从而形成字体的上收下放，上密下疏，重心上移，收放有致的势态，显得端庄稳重，给人一种优雅的静态美感。在左右结构的文字中，构成左低右高的欹侧形，再加上左撇右捺曲势纵长，就愈发显得灵动飘逸。又呈现出一种动态美。这种能把楷书写得如此动静交融的功力，实非常人所能及。《元怀墓志》的楷书为以后隋唐诸书家树立了典则，足可以为后人所借鉴。著名金石学者罗振玉称颂"此志大书，端劲秀拔，魏宗室诸志中之极佳品"。

北碑之最——张玄墓志

《张玄墓志》全称《魏故南阳太守张玄墓志》，刻于北魏普泰元年（531年）十月，是北魏著名刻石之一。志石早年已佚，何时何地出土已不见记载。但志文中有"葬于蒲坂城"即今山西省永济县境内。清代著名书法家何绍基于道光五年（1825年）春，从山东济南历下书市购得原石的剪裱拓本，这是唯一的传世孤本。何氏得到此本后，欣喜若狂，爱不释手，在舟车旅途中时时把玩临摹，自此张玄墓志方著称于世。以此拓本所用纸墨考察其年代，应是明代所拓，上边有清初王屿、鲁珍跋，后又有包世臣、陈介祺及何绍基自跋，此后又归无锡秦絅孙氏，今收藏于上海博物馆。《张玄墓志》即为孤本，其余世上流传的拓本只能是重刻本，均未能体现原拓本的神采。幸好有上海博物馆所藏之拓本影印出版，作为研究北魏墓志的最佳范本，公诸于世，方得睹拓本全貌，以饱眼福。

墓主人张玄，字黑女（读音he ru）。清朝人为避清帝康熙玄烨之讳，才通称此志为《张黑女墓志》。从志文中可知，张玄是河南南阳白水人氏，远祖张和曾任吏部尚书、并州刺史。祖父张具任职中坚将军、新平太守。父亲任荡寇将军、蒲坂令。张玄本人解褐中书侍郎，除南阳太守，享年三十二岁，太和十七年（493年）卒于蒲坂城建中乡孝义里。

北魏石刻是我国书法艺术宝库中一颗璀璨的明珠，它足以与商周之甲骨、先秦之钟鼎、秦之小篆、汉之隶书、晋之行书相媲美。北魏石刻由

张玄墓志

碑、墓志、造像记、摩崖刻石四部分组成，其中墓志为魏碑的一个重要组成部分，墓志是埋入墓穴中，为亡人记其生前功德的一种刻石文字，故称其为墓志铭。志石一般为方形，体积较小，长期埋入地下，不受风雨侵蚀和自然人为的破坏，很少有断裂残缺，字迹一般都很清晰。《张玄墓志》是北魏晚期墓志的代表作，以楷书书写。20行，每行20字，共367字。魏碑一向以古朴奇崛，天真烂漫为人称道，而《张玄墓志》走的却是温润秀雅的路子。这种字体极易沾染匠气，很难写成真正的上乘作品。仔细观此书法特点是隶、魏相间，碑中有些笔法明显带有隶意。字形扁方疏朗，虽略有倾斜却体势端庄而静密，峻利而沉着。风骨内敛，结构严谨，似乎很容易临写。其实它的笔画却异常灵动，用笔以中锋为主，中侧锋并用，方、圆笔兼备，以方笔为辅。每个字的长横、长撇和长捺都特别夸张，增添了一种飘逸宽绰的情趣。而短撇、横钩及大部分转折多用侧锋，这种中与侧、方与圆的有机组合，构成了整篇志文刚中带柔的独特风格。不得不佩服墓志的书写者和镌刻者的高超技艺和用心，将志文中的笔画处理得既有北碑俊迈之气，又含南帖温文尔雅之韵，真可谓字字珠玑，行行玉润。何绍基在题跋中由衷赞曰："化篆分入楷，遂尔无种不妙，无妙不臻，然遒厚精古，未有可比肩（黑女）者。"此志书法精美，蜚声书林，海内外仅此一本，故为名贵之品。辽河碑林将其镌刻于古代馆内。

隋代名志——苏慈墓志

　　苏慈墓志是现今留存为数极少的隋代著名墓志，全称《大隋使持节大将军工兵二部尚书司农大府卿太子左右卫率右庶子洪吉江虔饶袁抚七州诸军事洪州总管安平公故苏使君之墓志铭》，隋仁寿三年（603年）三月刻立。志石正方形，边长83.2厘米，正楷书37行，满行37字，全文共1296字，有方界格。志文翔实地记载了墓主人的生平、宦迹、功业和勋德。清光绪十三年（1887年）在陕西蒲城县出土。辽河碑林将其作为隋碑代表刻于古代馆内。

隋苏慈墓志

　　墓主人苏慈（538年～602年）字孝慈，祖籍陕西扶风，后迁同州莲勺县崇德乡乐邑里（今蒲城县苏坊乡崇德村）。是一位历仕西魏、北周、隋三个朝代的将军，著名军事家，水利专家。《北史》有苏孝慈传。根据史书和墓志铭相补证可知，苏慈早年任西魏右侍中士，旷野将军。西魏禅位于北周，北周皇帝授他为中侍上士，右侍上士。北周武帝天和四年（569年）授都督，出使北齐，后升大都督，正大都督，统率禁军。天河六年，苏慈再次出师北齐凯旋而归，深得武帝信任，授宣纳上士。建德四年（575年）又授持节车骑大将军（使持节掌地方军政，有诛杀中级以下官吏之权，持节次之），仪同三司大都督，仍统领禁军。建德五年，苏慈随武帝再次出征北齐大胜。次年北齐亡，又授他为开府仪同大将军（开府是府兵军职，西魏和北周时全国府兵分属于二十四军，每军设一开府，兵额约二千人），封瀛州（今河北河间）文安县开国公，食邑一千五百户，后迁工部中大夫。公元581年，北周相国杨坚受禅代周建立隋朝，是为隋文帝，又授苏慈太府卿，进爵泽州（山西晋城西北）安平郡开国公、兵部尚书、太子右卫率。隋文帝开皇四年（584年），因渭河河水多沙，命宇文恺开广通渠，从大兴城东引渭水到潼关三百余里，以便漕运。任命苏慈为漕渠总副监，督凿漕渠。广通渠凿通后，漕船从黄河可直达长安，因凿渠有功，又任命他为太子左卫率，工部、民部、刑部尚书，进位大将军，此时已是权倾朝野了。隋开皇十八年（598年）文帝欲废太子杨勇，改立杨广，唯恐苏慈在东宫结伙反对，便调他出京，改授浙州（今河南西陕县北）刺史，以翦除太子势力。文帝仁寿元年，苏慈又被迁授使持节，总管洪、吉、江、虔、饶、袁、抚七州诸军事，洪州刺史、交州道行总管。仁寿二年（602年）病卒于交州任所，享年六十四岁。次年二月归葬于同州莲勺县崇德乡乐邑里之山麓，谥曰"安公"。

清道光十四年（1888年）夏，大雨不断，崇德乡居民从塌陷的土穴中发现了这方墓志。出土时，志石完好无损，字迹清晰，无一损字，无一缺划。蒲城知县张荣升闻知后唯恐损毁，即将此方墓志镶嵌在书院壁间。此事轰动一时，民间关注，官府重视，艺林学界传拓者纷集，视苏慈墓志为书法的楷模。据说当时一张拓片在上海可售白银一两，足以证明了此志极高的艺术价值。

志石出土的当年，县令张荣升在志文第三十一行"文曰"之后的空白处撰刻了一段跋文，记叙了当时出土的概况，后来有人认为所刻的位置不妥，遂被凿平，今整拓本中仍留有凿削的清晰痕迹。当时张荣升对墓志的史料价值未及深入研究，故未作任何评价，而留下伏笔"俟考博古君子"期待后来者续作。体现出古贤实事求是，严谨的治学态度。时隔一年后蒲城继任县令彭洵不辱使命，引据经书古籍，进一步考证后续作跋文，确定了苏慈的官职，归葬处的地理方位等志文中不解之处，并镌刻于另一石上，既弥补了首跋被凿削的遗憾，也展现当时包括他自己的研究成果。此志得以完善保存，有赖于这两任知县的尽职尽责，真是功莫大焉。

苏慈墓志历代学者多有著录，有清人毛凤枝《关中金石文字存逸考》；近代学者徐树均《宝鸭斋题跋》；罗振玉《雪堂金石文字跋尾》；吴鼎昌《慕汲轩志石文录续编》；方若《校碑随笔》；赵万里《汉魏南北朝墓志集释》；张彦生《善本碑帖录》等。

此志楷法成熟而工整，用笔犀利，方正劲挺，神采飞动。字形略扁，稍带六朝遗韵。章法整齐，结体平正，应是唐代欧阳询一派楷法的先驱。由此可见，唐代的楷书在隋朝已定下根基。清人毛凤枝在《关中金石文字存逸考》中称："楷法精健绝伦，实为佳刻，盖隋人楷法集魏齐之大成，开欧、虞之先路，其沉着痛快处，有唐人所不能到者。"乃隋志中之精品。

敦煌遗书——隋仁寿四年写经

《隋仁寿四年写经》是在敦煌莫高窟藏经洞中发现，原卷尾题作《优婆塞戒经》第十卷，但是大正新修大藏经的内容作为第七卷，并非第十卷，原卷的尾题改作卷首，第五行的下半部缺字，存在着明显的改动迹象。在隋代民间百姓抄经作功德，利用收集来的旧卷重新改装的事是常有的。

此经文是在用黄檗染成的麻黄抄经纸上，以楷书墨迹书写。有乌丝栏，由九张纸粘接而成。纸高25.7厘米、乌丝栏框宽1厘米、框高19.5厘米、九张纸总长459厘米，经文共计247行，每行17至20字不等，墨色浓黑如新。本卷书写的时间为隋代仁寿四年四月八日，即公元604年的佛诞节。卷末有题记，内容是：仁寿四年四月八日，楹维珍目向京为亡父写《灌顶经》一部、《优婆塞戒经》一部、《善恶因果经》一部、《太子成道经》一部、《五百问事经》一部、《千五百佛名经》一部、《观无量寿经》一部，造观世音像一躯，造四十九尺续命神幡一口，所造功德，为法界众生，一时成佛。这段题记透露了发愿人楹维珍施舍发愿的目的及写经人和写经的时间。

优婆塞是佛教名词，梵文的译音。指在家信佛，行佛道，并受了"三皈依"的男子，为佛教七众之一，意译为"清信士"、"近事男"、"近善男"、"善宿男"等称呼，在我国一般称其为"居士"。严格地讲，优婆塞应该以《优婆塞戒经》为行动的准则。

《优婆塞戒经》在南北朝时因弥勒信仰的盛行，以及该佛经具有超荐亡灵的功用而广泛传播。据敦煌藏经洞发现的六朝时期的写经本来推断，楹维珍写经本原本是六朝时期抄写的一个七卷本，到隋代仁寿四年被经生向京改装成十卷本了。《优婆塞戒经》是佛经的梵名，凡七卷（或五、六、十卷之说），又称善生经、优婆塞戒本，是北凉时期印度僧人昙无谶翻译成的。昙无谶（中文名为"法护法师"）来到中国后，（426年）在甘肃一带翻译佛经典籍，精通经律论三藏，在中印度时期被尊称为"三藏法师"。此佛经收入大正藏第二十四册中，现唯存汉文译本。从佛经名上看，是佛为优婆塞说法，但内涵却是为四众弟子说法。只不过是一位在家男众请法，所以以请法的优婆塞为题，将经名定为《优婆塞戒经》。经文内容分二十八品，说明菩萨之发心、立愿、修学、持戒、精进、禅定、智慧等。特别在受持品中，除说明在家菩萨应受五戒之外，更提出"六重"、"二十八失意"等。"六重"是不杀生；不偷盗；不虚说；不邪淫；不说四众过；不沽酒。"二十八失意"既包含有关不供养师长，

隋仁寿四年写经

不饮酒，不看护病患等条文。经文中除引用法华、大城、智印、鹿子等经外，并述及北本涅槃经卷二十六，所说之生因了因说，更举出昙无德、弥沙塞、萨婆多等部派之名，故在经典成立史上占有重要地位。尤其以本经阐说大乘戒，特别受到我国佛界的重视。

这部《优婆塞戒经》现藏于甘肃省博物馆，1999年曾被收入《甘肃藏敦煌文献》。盘锦辽河碑林仅选了《优婆塞戒经卷第七·业品第二十四之余》中的一段经文镌刻上石，释文如下："（若人异想杀阿罗汉）不得逆罪。父母亦尔。若无惭愧不观恩报心无恭敬。但作方便不作根本。虽非逆罪不得大报。善教授故。生怜爱故。能堪忍故。难作作故。受大苦故。是故父母名报恩田。若复有人杀父母已。虽复备善。果报不净。是故我说。人所荫处乃至少时。慎勿毁折枝条花叶。善男子。我涅槃后有诸弟子当作是说。若以异想异名杀父母不得逆罪。即昙无德或复说言。虽以异想杀于父母故得逆罪。即弥沙塞。或复（有说）。"

楹维珍的几种写经本字体风格一致，均以楷书抄写，但尚存一些隶意。书中以尖锋入笔，轻重有致，端庄俊美。其书体已摆脱了南北朝写经稚拙凝重的意味，而是书写流畅，显得十分灵动，应是同时代抄写的。这些写经既然是利用旧抄本改装，那么经文最初的抄写年代就应该早于题记所显示的时间。启功先生是海内外公认的敦煌遗书鉴定专家，他生前曾鉴定过此写经的时代为六朝时期。《甘肃敦煌文献》和《北京大学藏敦煌文献》的编者在断代时则均定为隋代，这显然是受"仁寿四年"题记的影响所致。魏晋南北朝隋唐五代时期，书籍大多以纸质写本形式传播于世，因此被学术界称之为中国书籍史上的写本时代，这个时期流传下来的书籍和文书数量很少，主要有敦煌遗书，吐鲁番文书及其他少量传世或出土的文献，因而弥足珍贵。

敦煌遗书——前凉法句经写本

甘肃省是我国古写本经卷流传较多的地区，自从1899年敦煌藏经洞被发现后，敦煌遗书誉满中外。近两万卷被盗往国外，劫余的约九千卷被运往北京图书馆保存，但也有不少写经卷本留藏于私人手中，这其中包括若干稀世珍品。在敦煌莫高窟藏经洞中发现的前凉《法句经》写本是迄今为止中国已知最早的敦煌写经卷本，弥足珍贵，辽河碑林选取了甘肃省博物馆所藏的古写本卷子《法句经》中的一部分镌刻上石，以供参观者欣赏。

该卷前有剪裁痕，仅存后半部分，白麻纸已泛黄，质地精细，纸面光洁，保存良好。卷长

前凉写经－法句经

135厘米，卷高24.9厘米。上书《道行品法句经》第三十八、《泥洹品法句经》第三十九，尚存经文65行，每行16字至36字不等。末尾有题记二则："升平十二年（368年）沙弥净明"；"咸安三年（373年）十月二十日沙弥净明诵习法句起"，这是沙弥净明先后两次诵经的记录（沙弥就是童僧）。前一个题记是前凉的年号，后者为东晋年号。

凉州（今武威）是十六国时的佛教圣地，汉族人张寔创建政权，定都姑臧（今甘肃武威）。国盛时疆域辖有今甘肃、新疆及内蒙古、青海各一部分。西晋亡后，自公元317年起，张氏世守凉州，虽使用东晋年号，但已是独立的割据政权。公元354年张祚称帝，改元"和平"。公元376年张天锡当政时被前秦苻坚所灭，是十六国中享国最久的国家。张氏子孙世代镇守的凉州，地处河西走廊，是通往西方的陆路交通要塞，成为当时中国西北地区政治、经济和文化中心，也是保存汉族传统文化最多，和接受西域文化最早的一个重要地区。自前凉起，信仰佛教之风盛行西北。前凉高宗张天锡曾召集月支、龟兹高僧组织译场，译事甚盛。

"法句经"的"法"字梵语是指"道理"，又有"轨则"的意思。"句"的原意是"足迹"。佛所说偈，是古圣者足迹所履之道，符合真理，能为后贤轨范，所以称为"法句"。《法句经》是古代印度学佛者必读的入门经书，其主要内容是佛学义理。作为一部学佛入门书，既要表现佛学基本原理，又要浅显易懂，简练顺口，易学易诵，概括凝练。正是这种本质特点和佛经传播的内在要求之间的契合，才产生了《法句经》这样的佛经文学奇葩。

　　根据古印度四阿含等经所记载，佛在世时对出家、在家的弟子们说法之后，把所说法的内容概括地做简洁的偈语（即佛经中的唱词）。后来则由五部（即：昙无德、萨婆多、弥沙塞、迦叶遗、婆粗富罗）沙门各自把它们集录成书，这就是法句的起源，故而此经有多种版本。《法句经》在传播的过程中，先后有英、法、德、意、俄、日及汉文各种译本。现行汉译本法句经是属于五部中萨婆多部的学者法就所撰集，后来由印度沙门维只难于三国吴黄武三年（224年）携带着二十六品五百偈本，和同伴竺将炎一同来到中国，支谦（三国时期著名佛经翻译家）等人请他们译出二卷。后来又得到十三品，并且把过去所译的加以校订合为一本，共计三十九品七百五十二偈（也有说是七百五十八偈）。

　　在辽河碑林古代馆中仅选现行汉译本法句经三十九品中《道行品》二十八偈中的部分经文镌刻上石，其内容是讲佛教的修行方法，以及善恶因果报应，既八正道等度脱之道。录文如下：

　　道行品法句经第廿八廿有八章。道行品着旨说大要度脱之道此为极也。八直最上道。

　　四谛为法迹。不淫行之尊。施灯必得眼。是道无有异。见净乃度世。此能坏魔兵。

　　力行灭众苦。我已开正道。为不现大明。已闻当自行。行乃解所缚。生死能常苦。

　　能观见为慧。若欲离众苦。行道一切除。生死非常空。能观见为慧。欲离一切苦。

　　但当勤行道。起时当即起。莫如愚覆渊。与堕无瞻聚。计疲不进道。念应念则正。

124

念不应则邪。慧而不起邪。思正道乃成。慎言守意念。身不善不行。如是三行除。

佛说是得道。断树无伐本。根在犹复生。除根乃无树。比丘得泥洹。

《法句经》卷后的两则题记前后相隔五年，笔迹不尽相同，升平十二年题记的墨色甚淡，字迹潦草。咸安三年题记的墨色稍浓，字迹较工整。但二者的风格一致，均有隶书笔意，应是沙弥净明启蒙学书期间的两种笔迹，所以专家们认为这两则题记都是可靠的。本卷写经的书体正处于隶书向楷书过渡的初级阶段，既保持了汉简书法沉雄朴茂的风格，又具有敦煌经书体的早期风貌。卷中的起笔处尖锋直入，没有回锋。收笔处又铺毫重按，保持极浓厚的隶书捺画的余韵。转折处多不提笔转锋，以求劲疾。通篇气势连贯，笔力劲健挺拔。在结体方面具有明显的楷书特征，对于探讨古代书体的演进、佛经版本的校勘诸问题多有裨益，是一件不可多得的实物资料。

敦煌遗书——华严经

《华严经》全名《大方广佛华严经》，是印度大乘佛教修学最重要的经典之一，被大乘诸宗奉为宣讲圆满顿教的"经中之王"。由于其中直接彰显了佛陀广播无边，圆融无碍的因行果德，加上"华严"是经中之海，无所不摄，因此它所展现的境界更是巍巍壮观，不可思议。如经文名称中的"大"是指超越所有时间和空间羁绊的世界；"方"是指法则和轨道，即佛所看到的如理如法的实相世界；"广"是指佛陀随顺众生意趣，于佛境中化现的无边世界；"佛"是指证入"大方广"无尽法界者，是修行之果；"华"即"花"，比喻成佛之因，即菩萨的万种善行；"严"是指以万行的因"花"，来庄严修饰"大方广佛"的万种德行。

关于"华严经"梵本经文版本，自古以来就有各种传说于世。据法藏之《华严经传记》卷一载：公元 2 世纪，印度龙树菩萨曾受龙王邀请，到龙宫阅读海龙所收藏的佛经，当他读了华严经后，方知佛法的博大精

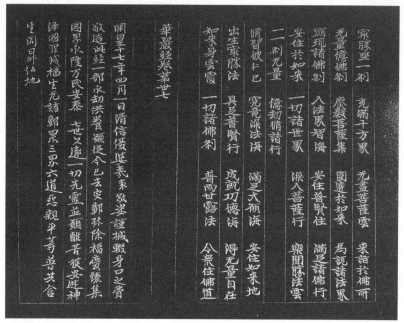

隋代写经—华严经

深。于是将其中最短的下本背诵下来，带回印度，这便是《华严经》最早的母本。梵本华严经原藏于遮拘槃国（今印度境内），被视为传国之宝，严禁外流。

直到东晋时期，佛陀跋陀罗于义熙十四年（418年）到扬州道场寺开译，南朝永初二年（421年）译毕，共五十卷。后由慧观等人校定重审，开为六十卷，《华严经》从此才从西域第一次传译到中国。至唐代，又陆续出现了八十卷本和四十卷本。一时《华严经》在中国赢得了上至帝王，下至僧俗的一致推崇。汉传佛教八大宗派之一的华严宗也在此时兴起，影响绵延至今。现广为流传的是八十卷本，为唐证圣元年（695年）三月十四日，于阗国三藏实叉难陀在东都洛阳大内大遍空寺开译，武则天亲临笔授，御制序文，后又移至佛授记寺续译，圣历三年（700年）十月八日译毕。

《华严经卷第三十七》发现于敦煌藏经洞中，是隋代楷书佛经写本，现藏于上海图书馆。该经卷卷末留有题记："隋开皇十七年四月一日，清信优婆夷（指已接受了五戒而在家修行的女居士）袁敬姿谨减辍身口之费，敬造此经一部，永劫供养，愿从今已去，灾障殄除，福庆臻集，国界永隆，万民安泰，七世久远，一切先灵，并愿离苦获安，游神净国，罪灭福生，无诸障累，三界六道，怨亲平等，普共含生，同升佛地。"袁敬姿在隋开皇十七年曾造数部《华严经》，经文多而卷数不等，现分别收藏于国内和日本。由此推断，袁氏女子应生于官宦之家，才会有如此财力做这样比较大的功德。可见当时像袁敬姿这样的女信徒向往佛国净土，她们不仅将生命中的信仰投入到写经祈福中，更愿将这种精神的东西转化为永久的存在，以期受到佛陀护佑。

辽河碑林在二门碑廊中节选了《华严经卷第三十七》中的部分经文写本镌刻上石，可以看出此卷抄写于隋开皇十七年，虽未署名，但书写者运笔快捷利落，笔画瘦硬劲力。字形间或方整与纵长，都能于峻整中作相宜的变通。北朝写经体茂密的风格犹存，古厚的气质已经减弱，突出了矫健的笔姿和爽峻的风度，是隋代楷书写经书迹的精品。

敦煌遗书——法华经

在藏经洞遗书中，写经占最大比例。据国内外已公布的敦煌遗书编号及目录估计，大约有32000多卷，约占遗书总编号的百分之八十五。在这些写经中，有不同名目的佛经约400种之多。写经是佛教为弘布流通经典，用纸墨抄缮，进行广泛传播佛教经典的一种活动方式。人们通过抄写佛经来表示对佛门的皈依，表达自己对佛祖的虔诚和奉献，以及对社会所尽的功德，因此长期在民间广泛流行。无论是官吏与庶民、僧侣与百姓、还是专业抄写者，都以最高的热情、最大的毅力、最真的虔诚、最庄重的态度，把抄写佛经当作修行的一种手段和基本方法，一代接着一代地传抄下去。

在藏经洞中发现的众多写经中有《妙法莲华经》简称《法华经》，是印度大乘佛教主要经典之一，它有三个汉译本：西晋竺法护译的10卷本，名叫《正法华经》；姚秦鸠摩罗什译的七卷本，名叫《妙法莲华经》；隋阇那崛多、笈多共同改编的七卷本，名叫《添品妙法莲华经》，其中以鸠摩罗什译本流传最为广泛。

唐咸亨三年写经－法华经

我国古代僧人对这部经典十分重视，称之为"经中之王"，它还成为天台宗依据的主要经典。有不少僧人专门念诵这部经。为什么《法华经》会受到这样的重视？因为《法华经》出现在印度佛教大小乘激烈斗争的时期，它站在大乘的立场上，力图调和大小乘的矛盾。本经阐释释迦牟尼成佛以来，寿命无限，为了给予众生"开、示、悟、入"佛之大智慧，而宣说三乘（声闻乘、缘觉乘、菩萨乘）归一（佛乘）之妙法，并为诸声闻授记成佛。佛经中调和大小乘的各种观点，主张一切众生皆能成佛。佛说此经时，多宝塔从地涌出，十方诸佛，集会证明，六万恒河沙等菩萨及其眷属护持流布；并且又称凡护持、诵读、解说、书写《法华经》者均得无量无边的功德。

在敦煌遗书中存有七卷本、八卷本、十卷本等，卷品开阖虽然不同，但其内容基本一致。《法华经》在藏经洞中发现多种抄本，其中留有题记的一件《妙法莲华经卷第六》系唐高宗咸亨三年（672年），由长安城内的专业写经手王思谦手书，全卷历经初校、再校、三校，复由唐玄奘的四名弟子"详阅"的，最后由"判官少府监掌署令向义感"和"使太中大夫守工部侍郎永兴县开国公虞昶监"（虞昶是唐大书法家虞世南之子），可见当时写经是何等的严格。

辽河碑林古代馆中选刻了一段敦煌藏经洞中发现的唐咸亨三年写经，未留题记。仔细查对经文，可知是《妙法莲华经卷第六》中的部分内容。大意是：宣此法令，嘱咐信徒弟子当授持读诵（法华经），一切众生普得闻知，皆能成佛。智慧的佛是一切众生的大施主，众生亦应随佛学法，报诸佛之恩……

这段写经书法留下了民间书法淳朴、萧散的特征。从中可以看出写经者在抄写过程中，是以修行功德为目的。抄写时力求规范齐整，以恭敬地表达对佛的皈依。中国书法进入唐代以后，名家辈出，书法的社会意识急剧增强，反映在敦煌书法中也是谨守法度，民间书法也向氏族显贵书法靠近。因此，此段经文书写风格还是承唐以前经书体之质朴，又具唐楷特有之媚秀，笔法圆融遒丽，外柔内刚，方正稳健，气韵高逸，乃唐人写经之上品，亦是唐代传世书法墨迹中的精品。

体味真实的晋韵——楼兰木简文书残纸

楼兰古城遗址位于今新疆若羌东北部，罗布泊西岸。远在两千多年前，罗布泊沿河两岸水草丰沛，土地肥沃。是汉代在罗布泊地区的屯田中心，汉武帝时派张骞出使西域，开通了南北两条丝绸之路。据《汉书·西域传》记载，西汉时期经过楼兰东去西来的使者、商人"相望于道，一岁中多至十余倍"。因此楼兰是西域早期丝绸之路南北两路上的一个重要交通枢纽和贸易中转站，此后继续存在了四百余年。后来由于当地孔雀河水的改道，致使位于其下游的楼兰水源枯竭，屯田生产无法进行。东汉、魏晋、前凉时期在楼兰设立的西域长使府被迫转移，楼兰这个丝绸之路上曾经繁华、显赫一时的重镇才逐渐被人们所废弃。无情的流沙掩埋了塔里木盆地和罗布泊大部分土地，形成了仅次于北非撒哈拉沙漠的世界第二大沙漠—塔克拉玛干沙漠。从此这里永远失去了昔日的辉煌，人迹罕至，与世隔绝，成为世界上最神秘的地区。

楼兰残纸—济逞白报

右上角：中国运河碑林

19世纪末，塔克拉玛干沙漠腹地有许多汉唐故城遗址被重新发现，由此而成为瑞典、美国、挪威、英国、俄国、日本等许多国家探险队所垂涎的主要目标。他们曾多次来此劫掠，古遗址被严重破坏，大批珍贵文物流失国外，文物中最重要的莫过于那些魏晋木简和文书残纸片。魏晋书法真迹流传至今凤毛麟角，只有晋人陆机的《平复帖》、王羲之的《快雪时晴帖》等屈指可数的几件，为历代收藏家视为珍宝，密不示人。而瑞典人斯文赫定在楼兰古城遗址中一次发掘所获就达150余件，后来英国的斯坦因和日本的桔瑞超又在此地挖出数百件文书残片，包括现藏日本京都龙谷大学图书馆的著名《李柏文书》。就这样沉睡于黄沙之下一千余年的楼兰古城终于被这些洋人们搅醒了，成为中亚著名考古圣地之一。

在古城遗址中出土纪年文书中最早的属于曹魏嘉平四年（252年），最晚的到前凉建兴十八年。20世纪70年代，新疆考古研究所考察队在这

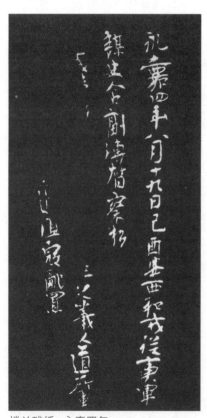

楼兰残纸-永嘉四年

里再次发现魏晋木简和文书残纸，这已是外国探险队的劫后之余了。楼兰古城遗址出土的大批木简和文书残纸主要是汉、魏晋时期西域长史统辖西域进行屯戍等活动的官府文书，及楼兰与中原及西域各地的公、私来往信件，涉及内容相当广泛，有力地证明了魏晋时期曾有效地控制着楼兰地区，并使楼兰成为罗布泊一带最为繁盛的城镇，同时也为研究汉至前凉时期西域的历史、地理、社会经济、文化生活和屯边机构等提供了极为丰富的资料。

辽河碑林选出其中已流失国外的两张文书残纸和几枚晋简资料镌刻上石。一件残纸为："济逞白报：阴姑素无患苦，何悟奄至祸难，远承凶讳，益以感切念。追惟剥截，不

可为怀，奈何！"在残纸中曾发现署有济逞、张济逞、张超济、超济等名款墨迹数件，据学者们考证其书写者实为一人，而这些书法作品的风格亦十分相近。张济逞本为中原人氏，为避战乱而举家迁居凉州。后张济逞在楼兰为官，而家属仍居凉州一带，上面书信应是他承托朋友帮助照顾遇到祸乱的妻子阴姑。在那兵荒马乱的年代，怎能"益以感切念…不可为怀，奈何！"呢。张济逞在楼兰活动的时间应是西晋永嘉四年（310年）至东晋咸和五年（330年）间，他是与王羲之同时代的人。张济

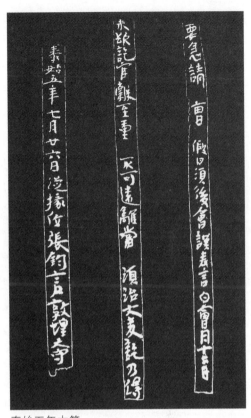

泰始五年木简

逞文书的墨迹不乏点画精妙，且草、行、真三体皆有独到之处，尤其是《济逞白报》属于规整一路的行书，其笔画挺锐，锋芒毕露，字形或方或扁或长，结字疏密有致。由此我们可以通过魏晋人留下的这些资料重新寻译、印证王羲之书法的本来面目。

另一纸文："永嘉四年八月十九日己酉安西和戎从事军谋史令副溥督察移…之义人道所重…值寇乱德。"虽然中间残阙，文意不全。但从残言片语中可以联想到西晋"永嘉之乱"中，匈奴攻陷洛阳，掳走晋怀帝，戮杀王公、士民三万余人的惨景。至此中国开启了北方"五胡乱华"，国土陷入分裂、混战的局面近130年之久。

楼兰古遗址出土的晋简数量不多，但其章草却极精彩，从碑林中所选的章草木简的内容看，应是记载关于屯田方面的事物。来此屯田的士卒都可以随带一些畜产、各类农具和日常生活用品。它与邻近地区敦煌的汉

简相比，在书法风格上继承了汉代章草中的圆转流美一路，草法和用笔十分娴熟，脱去了汉简章草的生拙味。从用笔上看，收笔开始使用更多的回锋，已不再拘泥于横向取势，开始纵势行气。字形也随之形态迷离、欹侧生姿，顺着一简的窄长面曲动摆荡而下。

晋简中除了章草，还有逼肖楷书、行书的作品。如碑林所选的"泰始五年"木简，其墨迹已合成一股用笔外拓、宽博敦厚之气息，这在同时期的晋人文书残纸中亦可遇见，具有独特风格，令人大开眼界。

楼兰文书残纸和木简的出土，震惊了世界，引起了国内外学术界的广泛关注。它们不仅为我们研究古代西域的历史提供了珍贵的文物资料，而且也为研究中国书法的发展、演进史提供了弥足珍贵的实证，因此具有极高的文化价值和书法艺术价值。这些文书是古楼兰先民日常生活的记录，书写中没有功利成份掺杂其间，完全是一种自由放松的笔墨倾吐，它使我们冲破久远的历史迷雾，真正亲近了晋人书法的真谛。启功先生在《论书绝句》中盛赞楼兰文书残纸曰："风流江左有同音，折简书怀语倍深。一自楼兰神物见，人间不复重来禽。"

备注：

1. 江左：古时在地理上以东为左，江东也称江左，指长江下游的东晋、宋、齐、梁、陈所统治的地区。此句是说楼兰出土文书残纸与王羲之风流倜傥的《十七帖》笔法相似，故有"风流江左有同音"佳句。

2. 来禽：指明代大书家邢侗非常崇拜王羲之草书《十七帖》，取《十七帖》中的"来禽"二字作为自己的读书馆，并在此专心临摹大王书法近30年，书艺达到超神入化的境界。万历二十八年邢侗主刻的书法丛帖《来禽馆帖》竣工，丛帖中以书圣王羲之书法为主。《来禽馆帖》显世以后，立刻名扬天下，其中以唐人双钩《十七帖》最为著名。故有"人间不复重来禽"佳句。

榜书之宗——泰山经石峪金刚经

南北朝时期，除了写经之外，刻经也为数不少，由于受当时政治、经济、文化和佛教的影响，主要集中在太行山东麓的邺城附近和山东的泰、峄山区，尤其是泰山自古以来就是东方重要的崇拜中心。北齐的经书刻石最多，其中以《泰山经石峪金刚经》最为著名。作者以超然的心态，凭借着极大的宗教热情和超凡绝俗的艺术天赋，倾注着超脱的澄净，将经文刻在泰山东麓，斗母宫东北龙泉山谷中的花岗岩巨大平坪溪床上。整块岩石南北长56米，东西宽36米，约计有2000多平方米，足足有三个篮球场那么大，形成一个微微的斜坡。金刚经原文分上下两卷，32篇，共5198字。此处只镌刻了第一至第十六卷，计3017字。有44行，每行10～12字不等，字径在1.5尺至1.8尺之间。如此鸿篇巨制，是我国现存规模最大的佛教摩崖刻石，也是中国书法史上的一大奇观。石上镌刻的《金刚般若波

罗蜜经》历经千年风雨剥蚀，加之溪水冲刷，砂石磨损，缺字的地方约有三分之二。据民国初的拓本统计，尚存千余字左右。石上未留题记和刊刻年月，亦无写经主人和书丹者姓名。因笔法与山东邹县尖山摩崖《晋昌王唐邕题名》相近，后人或以为唐邕所书。因又与《徂徕山大般若经》相似，该经上有"齐武平元年王子椿造"字样，因此后人又有推测为王子椿所书。清阮元在《山左金石志》中则认为是北齐天保年间（550年～559年）人所作。

泰山经石峪所摩刻的《金刚般若波罗蜜经》

泰山经石峪金刚经（局部）

是佛教的重要经典，为东晋时鸠摩罗什译。按佛家之言，"金刚"即金刚石，光泽透明，不染尘埃。以金刚之坚，喻般若体。以金刚之利，喻般若用。"般若"、"波罗蜜"都是梵语，译为"妙智慧"、"到彼岸"。佛家认为众生因为受了一个"我"字的迷惑，日日犹在烦恼苦海中，倘能从生死烦恼的大海之中渡到不生不灭，清静安乐之地，即可脱离苦海到达彼岸。"经"字当作"径"比喻修行的路径。

《金刚经》原包括在大般若经第577卷中，佛家有经中之经之说。词有尽，理无穷。如来佛祖讲大般若经共六百卷，讲经的地方及法会的次数计四处十六会。讲《金刚经》则是在十六会中的第九会，地方在中印度的舍卫城南边的孤独园，（这个时代相当于古代中国的西周穆王年间），大约在前秦苻坚时期传译到我国。

北朝大规模刻经则是从北齐废帝乾明元年（560年）开始，后主高纬时发展成为高峰，直到北朝结束，刻经盛而不衰。北朝后期，北周武帝下诏强令废佛，以至"数百年来官私佛法，扫地并尽"。此时北周国富民强，称霸一方，不断攻打佛教盛行的邻国北齐。而北齐政局动荡，人心不稳，对北周废佛所产生的危机感遍及全国，于是国民产生了"护法"之想，"金石难灭，托以高山，永留不绝"。《泰山经石峪金刚经》就是在这种环境中产生的。信徒们真可谓是以大地为纸，以锤凿为笔，汗流浃背，奋力镌刻于蓝天、白云、星月之下。

辽河碑林将其内容摹刻于古代馆，以供游者观览。细品《泰山经石峪金刚经》的书法在楷隶之间，偶有篆隶草情。书体古拙朴茂，擘窠（bòkē）大书，静气凝神，气势磅礴，结体宽博而舒放。用笔视方不见折，圆润可人。点画不露锋芒，提、按、顿、挫都深藏于带有浓厚篆隶书遗意的笔痕之中。正如高僧李叔同赞美："《泰山经石峪金刚经》以事佛之心写字，净心无欲，专心致和，以至于字大而不流于急躁、火气，蕴含充足。"颇具有容乃大，无欲则刚之气象。可以想象到当年书家用这种风格书写佛经真是形神兼备，妙不可言。难怪被历代书家所推崇，被冠以"大字鼻祖"、"榜书之宗"的美誉。

存世最早的法书真迹——平复帖

　　《平复帖》，晋陆机书，纸本，手卷，无款，纵23.7厘米，横20.6厘米。章草书9行86字，是现存最早的传世墨迹。上有宋徽宗赵佶泥金题签"晋陆机平复帖"和"宣和"、"政和"二印，后有董其昌于万历三十二年（1604年）题跋。现藏北京故宫博物院，镌刻于辽河碑林古代馆。

　　内容是写给友人的一个信札，其中有病体"恐难平复"字样，故名《平复帖》。中国当代著名教育家、国学大师、书画家、文物鉴定家、诗人启功先生曾和此帖的最后一位私人收藏者、著名收藏家、书法家张伯驹先生做过释文："彦先羸瘵，恐难平复，往属初病，虑不止此，此已为庆。承使唯男，幸为复失前忧耳。吴子杨往初来主，吾不能尽。临西复来，威仪详跱。举动成观，自躯体之美也。思识□量之迈前，势所恒有，宜□称之。夏伯荣寇乱之际，闻问不悉。"字为章草，但无挑波，属于章草的早期写法。

　　陆机（261年～303年），字士衡，吴郡华亭人（今上海松江）。西晋著名文学家、书法家。陆机的祖父陆逊为三国时期吴国重臣，曾任东吴丞相，其父陆抗曾任东吴大司马，父亲死的时候陆机14岁，与其弟陆云分领父兵，为牙门将。20岁时吴国灭亡，陆机与弟陆云隐退故里，十年闭门勤学读书。晋武帝太康十年（289年），陆机和陆云来到京城洛阳拜访时任太常的著名学者张华。张华颇为看重他们二人，说灭吴最大的收获就是得到了陆机、陆云两位极其优秀的人才，使得二陆名气

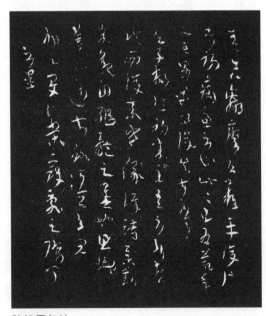

陆机平复帖

大振。时有"二陆入洛，三张减价"之说（"三张"指张载、张协和张亢）。

陆机由吴入晋后，曾任祭酒、太子洗马、尚书著作郎等职。后来，陆机担任成都王司马颖的平原内史（相当于丞相）。西晋爆发"八王之乱"期间，司马颖讨伐长沙王司马乂，任命陆机为后将军、河北大都督之职，率领20余万人与司马乂战于鹿苑，兵败。宦人孟玖趁机向司马颖进谗言，诬陷陆机有谋反之心，将军王阐、郝昌、公师藩、牵秀等人共同作证，陆机遂为司马颖所杀。临终时叹道："华亭鹤唳，岂可复闻乎？"遇害于军中，时年四十三。

陆机被誉为"太康之英"。作文音律谐美，讲求对偶，典故很多，开创了骈文先河。张华对他说："人之为文，常恨才少，而子（陆机）更患其多。"弟弟陆云曾给他写信说："君苗见兄文，辄欲烧其笔砚。"流传下来的诗，大多为乐府诗和拟古诗。代表作有《君子行》、《长安有狭邪行》、《赴洛道中作》等。刘勰《文心雕龙·乐府篇》称："子建士衡，咸有佳篇。"钟嵘《诗品》卷上评："晋平原相陆机，其源出于陈思。才高词赡，举体华美。气少于公干，文劣于仲宣。尚规矩，不贵绮错，有伤直致之奇。然其咀嚼英华，厌饫膏泽，文章之渊泉也。张公叹其大才，信矣。"传世的赋现在仅存27篇，比较出色的有《文赋》、《叹逝赋》、《漏刻赋》等。散文中，代表作有著名的《辨亡论》，还有《吊魏武帝文》。陆机曾经仿扬雄"连珠体"，作《演连珠》五十首，《文心雕龙·杂文》篇将扬雄以下众多模仿之作称为"欲穿明珠，多贯鱼目"，独推许陆机之作："唯士衡运思，理新文敏，而裁章置句，广于旧篇，岂慕朱仲四寸之珰乎！夫文小易周，思闲可赡。足使义明而词净，事圆而音泽，磊磊自转，可

董其昌跋陆机平复帖

136

称珠耳"。后来葛洪著书，称"机文犹玄圃之积玉，无非夜光焉，五河之吐流，泉源如一焉。其弘丽妍赡，英锐漂逸，亦一代之绝乎！"刘勰《文心雕龙·才略篇》评其诗文云："陆机才欲窥深，辞务索广，故思能入巧，而不制繁。"明朝张溥赞之："北海以后，一人而已。"

《平复帖》的书写年代距今已有1700余年，是现存年代最早并真实可信的西晋名家法帖。根据尾纸董其昌、溥伟、傅增湘、赵椿年题跋，可得知《平复帖》历代递藏情况。此帖北宋入宣和内府，明万历间归长洲人韩世能、韩逢禧父子，后转归张丑。清初递经葛君常、王济、冯铨、梁清标、安岐等人之手归入清内府，乾隆四十二年再赐给皇十一子成亲王永瑆。光绪年间为恭亲王奕欣所有，并由其孙溥伟、溥儒继承。后溥儒为筹集亲丧费用，将此帖待价而沽，经傅增湘从中斡旋，最终由张伯驹以巨金购得。张氏夫妇于1956年将《平复帖》捐献国家。现辽河碑林将其镌刻在古代馆内。

《平复帖》在中国书法史上占有重要地位，对研究文字和书法演变等方面都有极高参考价值。当时社稷倾覆，战乱纷繁，所谓"寇乱之际，闻问不悉"，陆机深感切肤之痛，而收信友人病情不佳，难以康复，"彦先赢瘵，恐难平复"，更是增加了陆机凄凉、悲怆之情。作者用秃笔蘸燥墨写于麻纸之上，情不自禁，百感交集。胸中块垒，一涌而出。此帖秃笔所书，形现神藏。古人评价此帖："《平复帖》最奇古，与索幼安《出师颂》齐名。笔法浑圆，正如太羹玄酒，断非中古人所能下手。"启功先生评曰："十年遍校流沙简，《平复》无惭署墨皇。"

乾隆三希之一——快雪时晴帖

《快雪时晴帖》，素笺本，帖纵23厘米，横14.8厘米，行书4行，28字。晋朝书法家王羲之书，唐人摹本。此帖最早见于唐褚遂良《右军书目》，原记载有6行，现仅存4行。原件现收藏于台北故宫博物院，镌刻在辽河碑林古代馆内。

《快雪时晴帖》是一封书札，其内容是写他在大雪初晴时的愉快心

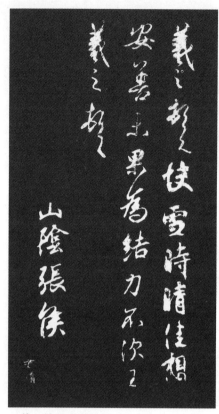

王羲之快雪时晴帖

情及对亲友的问候。因帖中有"快雪时晴"字样而得名。释文如下："羲之顿首。快雪时晴，佳想安善。未果为结。力不次。王羲之顿首。山阴张侯"。中央电视台拍纪录片《台北故宫》时，对快雪时晴帖解释：山阴张先生你好，刚才下了一场雪，现在天又转晴了，想必你那里一切都好吧！上次的聚会我没能去，心里很郁闷。你家送信的人说，不能在我这里多停留，要赶快回去，那我就先写这些吧。王羲之敬上。

王羲之（303年～361年），山东临沂人，后徙居浙江会稽。字逸少，世称王右军，被誉为"书圣"。他出身仕宦名门，西晋末随父王旷南渡，"起家秘书郎"，而立之年，跟随征西将军庾亮作参军，后迁长史，很受信任。庾亮称王羲之"清贫有贵裁"。后迁任宁远将军、江州刺史、侍中、吏部尚书、右军将军、会稽内史，东晋永和年间称病辞职，离开会稽郡，隐居金庭。之后，与东土名士尽山水之游。他热衷诗歌、音乐与书法。性好鹅，传曾以书作换鹅。

王羲之的成就主要是楷书、行书，传世作品很多，据张彦远《法书要目》记载，其帖目有465种，朱杰勤《王羲之评传》中也记载有200多种。由于齐、梁至隋末战火蔓延，这些法书真迹几乎损失殆尽，现在看到的多为历代的双钩摹本和拓本。

《快雪时晴帖》为稀世之宝，此帖唐初赐丞相魏徵，传褚遂良。宋初为铜山苏舜元、苏舜钦兄弟所得。随之被宋徽宗收入了宣和内府，后又被米芾纳入他的"宝晋斋"。元朝曾入内府，明代时分别是朱成国、王稚登收藏。明清之际，转藏于涿鹿冯铨。冯铨死于康熙年间，后来他的儿子为了讨好康熙皇帝，将《快雪时晴帖》上供给了朝廷。从此，《快雪时晴帖》入藏紫禁城。

1924年11月，溥仪被赶出故宫，军警和办事人员在神武门对这最后一位皇帝的行李进行检查时，在一个太监的铺盖里抖出了一个纸卷，打开一看，竟然是《快雪时晴帖》。当时已是下班时间，各库房门都锁了，大家商量半天，最后派人去市场上买了一个大保险柜，把《快雪时晴帖》放进去锁好，柜子再锁入神武门旁的西值房里，就这样过了一夜。

1949年，国民党军队，退踞台湾时除带走了大量黄金以外，还有2972箱南迁文物中的部分精品。这部分是故宫博物院文物中的精品，如精美绝伦的工艺品，翠玉白菜、玉香炉、玉荷叶形笔洗等，其中包括王羲之的《快雪时晴帖》。此后，该帖藏于台北故宫博物院。

乾隆皇帝一生酷爱书法，收藏有历代的书法珍品，尤其喜爱《快雪时晴帖》。前后七次题跋《快雪时晴帖》，钤有二十方玺印。先是题首"神乎技矣"四个大字，又在帖前题写"天下无双，古今鲜对"，之后又评此帖为"龙跳天门，虎卧凤阁"，还专门为此帖写了一首诗，称此帖二十八字是"二十八骊珠"。他把《快雪时晴帖》和王珣《伯远帖》、王献之《中秋帖》一起放在养心殿西暖阁内，并且专门为三帖装修了一个不到8平方米的小书斋。乾隆亲笔御书匾额"三希堂"。"三希"有两层意思，一是三帖为稀世之珍宝；二是"士希贤，贤希圣，圣希天"，是乾隆自勉之语。

《快雪时晴帖》前后有南宋"绍兴"、金章宗"明昌御览"、南宋贾似道"秋壑珍玩"等鉴赏收藏印，及清帝玺印多方。卷后有赵孟頫、刘赓、护都沓儿、刘承禧、王稚登、文震亨、吴廷、梁诗正等诸人题跋。左下部有"山阴张侯"四字，为尺牍收件人。末行有"君倩"二小字押署。"山阴张侯"和"君倩"二人目前未见记载。明人王稚登于帖前小楷题"快雪时晴帖"签，认为是王羲之真迹。但从墨迹现状看应是双钩摹本，钩线尚隐约可见，笔画周围界线整齐，不见笔毫毛碴。

《快雪时晴帖》虽历经千年却纤毫未损，乃为异珍。帖中行楷结合，笔法圆劲古雅，布局活泼大方，线条流利秀美，下笔跳跃，起收稍有顿挫，笔断意连，意气悠闲，体势优美。第一行每个字的倾斜角度大致相同，重心在同一中线上，行气贯通，比如"快"字，左右相向的两部分，相互呼应，右肩略微高耸，末笔右顿，调和了倾斜的姿势。第二行则有些变化，"果为"有连笔，其他的字间距较疏，重心也有偏右偏左的变化。这些变化自然大方，丰富优美的韵律感跃然纸上。可谓王氏传世墨迹之上品。

乾隆三希之一——中秋帖

《中秋帖》墨迹，纸本，无款，传王献之书（一说宋米芾临本）。纵27.9厘米，横12厘米，行草书。无署款。现藏北京故宫博物院，镌刻于辽河碑林古代馆。

《中秋帖》正文右上有宋高宗赵构御题签"晋王献之中秋帖"一行。卷前引首清高宗弘历行书题"至宝"两字。前隔水乾隆御题一段。卷后有明董其昌、项元汴，清乾隆题跋，其中附乾隆帝、丁观鹏绘画各一段。卷前后及隔水钤有宋"宣和"内府，"绍兴"，"御书"，"广仁殿"，"弘文之印"，"内府图书之印"，"项氏子京"，"乾隆"，"嘉庆"，"宣统御览之宝"等鉴藏印，后有"君倩"两小字，是著名的古代法书作品，曾被清乾隆皇帝誉为"三希"之一，意即希世珍宝。行书3行，共22字，释文："中秋不复不得相还为即甚省如何然胜人何庆等大军"。句读不通，翻译成今文颇为费力，目前尚无被大家认可的今译文。一说此帖是《宝晋斋法帖》中《十二月帖》的不完全临本，原帖在"中秋"之前还有"十二月割至不"六个字。

《书断》中说："字之体势，一笔而成，偶有不连，而脉不断，及其连者，气候通其隔行"。《中秋帖》书法纵逸豪放，书体是王献之创造的新体，人称"一笔书"。即作品中的字连绵不断，一笔而成。对作品中的艺术形象、气势、神韵等个方面都从全局考虑，要求隔行意不断，笔断意仍连。对于后世狂草的产生与发展打下了坚实的基础。

王献之（344年～386年），字子敬，小名官奴，汉族，东晋琅琊临

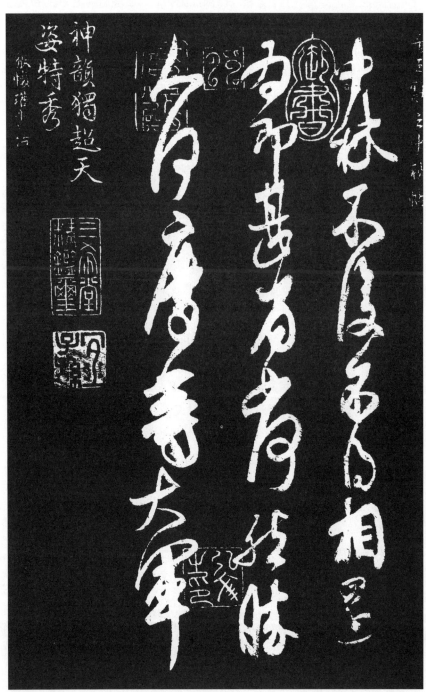

王献之中秋帖

沂人，书法家，诗人，生于会稽（今浙江绍兴），王羲之第七子。王献之幼年随父羲之学书法，兼学张芝。书法众体皆精，尤以行草著名，敢于创新，不为其父所囿，为魏晋以来的今楷、今草做出了卓越贡献，在书法史上被誉为"亚圣"，与其父并称为"二王"。曾经担任过州主簿、秘书郎、秘书丞、长史、吴兴太守等官职；成为简文帝驸马后，又升任中书令（相当于宰相）。但政绩一般，远不如他的书名显赫。故人称"大令"。不幸英年早逝，时年42岁。死后赠侍中、特进光禄大夫，谥号曰宪。

王献之工书，南朝梁袁昂说："张芝惊奇，钟繇特绝，逸少鼎能，献之冠世，四贤共类，洪芳不灭"。献之兼精诸体，尤善行草。唐张怀瓘《书断》中记载献之书法"隶、行、草、章草、飞白五体皆入神，八分入能"。《书后品》评献之书法"丹穴凤舞，清泉龙跃。倏忽变化，莫知所自，或蹴海移山，或翻涛簸岳。故谢安石谓公当胜右军"。

对于献之的书法评价，在唐以前还是比较推崇的，到唐朝时，太宗李世民褒扬羲之，贬低献之，说献之书法"如隆冬之枯树"，"若严家之饿奴"，"固翰墨之病欤"。李世民之后的书法评论家对羲之、献之的评价就相对客观。唐张怀瓘除了上述的评论外，还说"逸少秉真行之要，子敬执行草之权，父子灵和，子之神俊，皆古今之独绝也"。宋米芾在《书史》中分析唐太宗对于献之的评论时说："唐太宗力学右军不能至，复学虞（世南）行书，欲上攀右军，故大骂子敬耳。"《采古来能书人名》评献之"骨势不及父，而媚趣过之"。虽然历代文人墨客对于献之和羲之在书法艺术上的成就各执一词，但献之自视甚高，《晋书·列传》记载：（谢）安又问曰："君书何如家尊？"（献之）答曰"故当不同"，（谢）安曰"外论不尔"。（献之）答曰"人那得知"。谢安与献之的简单两句对话，活灵活现地勾画出献之恃才傲物的神情。

在溥仪被赶出紫禁城后，关于《中秋帖》还流传一段曲折的故事。1911年以后至1914年溥仪出宫以前，《中秋帖》曾藏在敬懿皇贵妃所居的寿康宫，溥仪出宫之时，敬懿皇贵妃将此帖携带出宫，因生活所迫，经由她娘家侄孙卖给古玩商，几经辗转卖到郭葆昌手中。郭葆昌密藏此帖无人知晓，死后此帖归他儿子郭昭俊所有。抗日战争胜利后，郭昭俊把他父亲郭葆昌的觯斋藏瓷全部捐献故宫博物院，因此郭昭俊得到中央银行北平分行经理的职务。1949年国民党兵败，他随银行退到广州，在广州被疏散，之后到了香港。郭昭俊因做生意关系，将自己所藏的《中秋帖》押给一位美国人。因做生意赔本，一年后抵押期满，无力赎回，准备出售。他找到徐伯郊商量办法，徐伯郊立刻给故宫博物院院长马衡写信。马衡院长向周恩来总理报告此事的原委，1950年11月5日，周总理亲自给马叙伦（时任政务院文化教育委员会副主任）等人写信，指示"同意购回王献之《中秋帖》"，终于使三希之国宝回归到故宫博物院。

《中秋帖》与《十二月帖》多数字相同，《十二月帖》为5行32字，而《中秋帖》为3行22字。帖中连绵跌宕，气势雄强，笔墨浓重。如火箸画灰，连续无端，无垂不缩，无往不收，起伏顿挫，一笔环转。文辞不通，可能是临写时脱落有关。明董其昌赞曰："大令此帖，米老（米芾）以为天下第一。"献之著名的传世墨迹还有《鸭头丸帖》，《辞中令帖》，《鹅群帖》，《地黄汤帖》，《兰草帖》，《舍内帖》，《东山帖》，《保母砖志》等。辽河碑林将《鸭头丸帖》刻于古代馆内，将《地黄汤帖》刻于二门碑廊内。

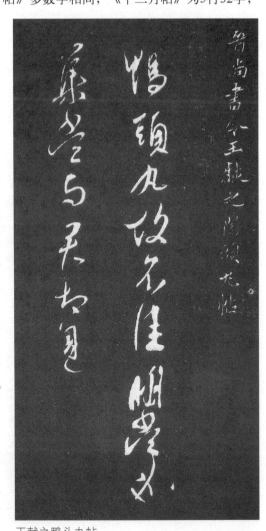

王献之鸭头丸帖

乾隆三希之一——伯远帖

《伯远帖》，晋王珣书，纸本，行书，5行共47字，纵25.1厘米，横17.2厘米。因首行有"伯远"二字，遂以帖名。此帖为晋代真迹，墨迹现藏于北京故宫博物院，镌刻于辽河碑林古代馆。

《伯远帖》是晋王珣(350年～401年)写的一封信。原文："珣顿首顿首，伯远胜业情期群从之宝。自以羸患，志在优游。始获此出意不克申。分别如昨永为畴古。远隔岭峤，不相瞻临。"

前隔水御书"家学世范，草圣有传，宣和书谱"12字。下有："乾隆宸翰"、"几暇临池"、"耽书是宿绿"三玺。后有"墨云"一玺，"乾"、"隆"二玺。此外，还有"石渠宝笈"、"乾隆鉴赏"、"乾隆御览之宝"、"三希堂精鉴玺"、"宜子孙"、"养心殿鉴藏宝"诸玺。收藏印记上钤有"郭氏觯斋秘笈之印"。另有二枚古代半个印章，漫漶不可识。

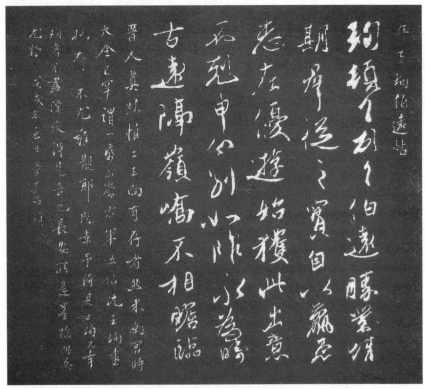

王珣伯远帖

144

卷前引首有乾隆御书，后隔水上有明董其昌跋，后有乾隆御绘枯枝文石。

乾隆皇帝以此帖与王羲之《快雪时晴帖》、王献之《中秋帖》合称"三希"，存放于养心殿西暖阁内的里间珍藏。此三帖经古今专家们鉴定，王右军《快雪时晴帖》和王大令《中秋帖》均为后人摹本，惟此《伯远帖》是晋人真迹。唐人真迹已然稀少，晋人真迹更是凤毛麟角，故此帖为世之珍本。

王珣，字元琳，小字法护，琅琊临沂人。生于晋穆帝永和五年（349年），卒于安帝隆安四年（400年），享年五十二岁。是东晋最显赫的四大家族之一，琅琊王氏家族成员。其祖父王导，父亲王洽，兄弟王珉都是当朝官宦，也都是大书法家。是王羲之的侄子，王献之的堂弟。

孝武帝司马昌明，雅好典籍，王珣与殷仲堪、徐邈、王恭、郗恢等，均以才学文章受知于孝武帝。珣曾任东亭侯，转辅国将军、吴国内史，后为右仆射，领吏部。加征虏将军，并领太子詹事，安帝隆安元年(397年)迁尚书令，加散骑常侍，后病卒，赠车骑将军、开府，谥献穆。

王珣善书，精于行、草书，但流传的书法作品不多。《淳化阁帖》收刻其行书《冬末帖》，4行，33字。宋代《宣和书谱》记载，宋内府曾收藏他的草书《三月帖》和行书《伯远帖》。到现在，能见到的墨迹只有《伯远帖》了。

《伯远帖》原藏北宋宣和内府，著录于《宣和书谱》，后流入民间，明代由董其昌收藏。清朝期间先被收藏于清内府，乾隆皇帝将《快雪时晴帖》、《中秋帖》、《伯远帖》定名为"三希帖"，同时，将存放此帖的养心殿西暖阁里间命名"三希堂"。并于乾隆十二年（1747年）责令吏部尚书梁诗正、户部尚书蒋溥等人，在清内府所藏的法书珍品中，筛选魏晋到明末135位历代著名书法家的340件代表作品，选用上好的汉白玉镌刻上石，镶嵌在北海阅古楼内，定名为《御制三希堂石渠宝笈法帖》，简称《三希堂法帖》。

1914年，溥仪出宫时，此帖同《中秋帖》一起流入民间，先由安岐收藏，后被郭葆昌买到。1949年，郭葆昌之子郭昭俊携至香港。建国后，此帖在香港出现，在周恩来总理的关怀下，《伯远帖》与《中秋帖》又回

乾隆题王珣伯远帖

到祖国，珍藏于北京故宫博物院。

明朝董其昌见到此帖欣喜若狂，评曰："王珣潇洒古澹，东晋风流，宛然在眼。"并写下题跋："幸（珣）书不尽湮没"，"珣书潇洒古淡，长安所逢墨迹，此为尤物"。

清乾隆皇帝特别珍爱《伯远帖》，先后多次题跋，不吝溢美之词。先于前隔水处御题："唐人真迹已不可多得，况晋人耶！内府所藏右军快雪帖，大令中秋帖，皆希世之珍。今又得王珣此幅，茧纸家风，信堪并美！几余清赏，亦临池一助也。御识。"钤"乾隆宸翰"、"涵虚朗鉴"二玺。之后，又御识："乾隆丙寅春月，获王珣此帖，遂与快雪中秋二迹并藏养心殿温室中，颜曰：'三希堂'，御笔又识"，钤"乾"、"隆"二玺。再后来，乾隆帝在董其昌跋语之后又画枯枝文石以配之。并识："王珣帖与其昌跋皆可宝玩，即装池侧理亦光润堪爱，漫制枯枝文石以配之。乾隆丙寅春正，长春书屋御识。"钤"几暇怡情"一玺。

《伯远帖》行笔自然流畅，毫无做作之感。至今墨色如新，笔毫锋棱俱在。系用短颖硬毫书写，故转折拗峭，笔画出入多不藏锋。结体弛张随意，左顾右盼，上下揖让，洒脱飘逸，不失为晋人风韵。

欧阳询行书——梦奠帖

《梦奠帖》全称《仲尼梦奠帖》。唐欧阳询书，纸本，行书，无款，凡9行，共78字。横33.6厘米，高25.5厘米，有"欧行第一书"之称。现藏辽宁省博物馆，镌刻于辽河碑林古代馆内。

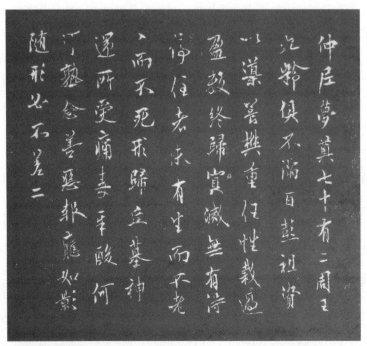

欧阳询梦奠帖

梦奠帖释文："仲尼梦奠，七十有二。周王九龄，俱不满百。彭祖资以导养，樊重任性，裁过盈数，终归寂灭。无有得停住者。未有生而不老，老而不死。形归丘墓，神还所受，痛毒辛酸，何可熟念。善恶报应，如影随形，必不差二。"

"梦奠"一事，语出《戴记·檀弓》：孔子蚤作，负手曳杖，消摇于门，歌曰："泰山其颓乎，梁木其坏乎，哲人其萎乎。"子贡闻之，趋而入。子曰："予畴昔之夜，梦坐奠于两楹之间，予殆将死也。"盖寝疾七日而殁。观帖中语颇有佛教无常、报应之意。

《仲尼梦奠帖》原为一件长卷，由《梦奠帖》、《张翰帖》、《卜商帖》合裱在一件手卷上，因内容均涉及历史，故称《史事三帖》，后被分拆，高均为25.5厘米。有元人郭天锡跋："信本行书蝉联起伏，凝结遒耸，裁萧永之柔懦，拉羲献之筋髓。比之诸势，出于自得。此本劲险刻厉，森森焉如府库之戈戟，向背转折，浑得二王风气，世之欧行第一书也。"今所见传世欧书墨迹仅存四件，即《卜商帖》、《张翰帖》、《行书千字文》及《仲尼梦奠帖》。《卜商帖》与《张翰帖》为唐人勾填本，《行书千字文》为欧阳询早期作品，《仲尼梦奠帖》为欧阳询晚年真迹。卷前引首有清弘历题识，卷后纸有元郭天锡、赵孟頫，明杨士奇，清高士奇、王鸿绪、朱应祥等人题跋。正文淡墨行书，78字，经千余年流传，多次装裱，受到损伤，有3字模糊。此卷自南宋迄于清代，大都流传有绪，可资稽考。杨仁恺先生认为此卷为欧阳询晚年真迹，相当于贞观前期（627年～641年）的作品。

关于《仲尼梦奠帖》的流传，南宋末年周密的《云烟过眼录》中有记载：原为勤有堂故物，后归陈德翁，之后售与周密的友人叶森。宋末元初之时，转到杨中斋之手，至元二十七（1290年）年，由金城郭天锡购得，甚爱，重新装裱并题跋，称赞此帖为"欧行第一书也"。元朝大书法家赵孟頫在郭天锡处见到此帖，用集贤官库中收藏的唐开元年间欧书《劝学帖》与之比较，认为两者笔意相合，确认是真迹。郭天锡于大德初年去世，此帖转到大鉴赏家乔篑成处，之后散佚。明朝初年，杨士奇购得此帖。明代中期归吴江史明古所有，成化年间，史家发生火灾，许多书画付之一炬，但此帖幸免于难。经过回禄之灾，《梦奠帖》被大收藏家项元汴购得，藏于"天籁阁"。明末，转藏于周凤鸣的"鉴古斋"。清初年，藏于嘉乐李玺卿家。之后藏于昆山"传是楼"。清人高士奇从"传是楼"购得此帖，视为珍宝，在其收藏目录《江村书画目》中列为"自题上等手卷"，并在目录下注有"真迹上上神品"字样。高士奇死后，大约是康熙五十七年，著名鉴赏家王鸿绪购得此帖，在此卷上题跋说是欧阳询"暮年所书，纷披老笔，殆不可攀"，给予极高的评价。

欧阳询（557年～641年），字信本，潭州临湘（今湖南长沙）人。父亲欧阳纥承原在南朝为官，后以"谋反"获罪被杀。欧阳询当时被人藏匿起来才免于一死，后来由江总收养。欧阳询相貌丑陋，但聪悟绝伦，读书能数行俱下，博览经史，尤精三史，著有《艺文类聚》一百卷。供唐诸王子阅读。欧阳询在隋朝曾为太常博士，经常与李渊（唐高祖）交往。李渊建立唐朝后，任命欧阳询为给事中，到太宗时，欧阳询官至太子率更令、弘文馆学士，封渤海县男。世人多称其为欧阳率更。传世书论有《三十六法》、《八诀》、《传授诀》、《用笔论》等。

欧阳询书法初学王羲之及北齐三公郎中刘珉，后渐变其体，笔力险劲，自成面目，人称"欧体"或"率更体"。与虞世南、褚遂良、薛稷并称"初唐四大家"。

欧阳询善书，对书法尤为痴迷。据《隋唐嘉话》记载，有一次他见到西晋索靖所书的古碑，"驻马观之，良久而去，数百步复还。下马伫立，疲则布裘坐观。因宿其

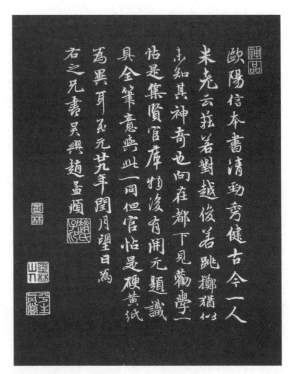

赵孟頫跋欧阳询梦奠帖

旁，三日后去"。

欧阳询诸体皆能，唐张怀瓘《书断》中评其飞白、隶、行、草入妙品，大小篆、章草入能品。尤其以楷书最工，被誉为唐人楷书第一。和颜真卿、柳公权、赵孟頫并称"正书四大家"。《书法钩元》说："若草里蛇惊，云间电发；又如金刚嗔目，力士挥拳"。北宋米芾说"庄若对越，俊若跳踯"。

在唐朝时期，欧阳询的书名就远播海内外，当时高丽国尤其重视，曾经派遣使臣专程来到大唐求购欧阳询墨宝。唐高祖曰："不意询之书名，远播夷狄，彼观其迹，固谓其形魁梧耶。"

欧阳询楷书最明显的艺术特点是瘦、硬、险、劲、挺。用笔扎实，以方笔为主，横画排布严整，直画硬挺，中宫收紧，结构平正中见险峭，字形略偏长，给人以森严之感。总体看是险中求稳，险中求平，险中求和。传世楷书碑刻有《九成宫醴泉铭》、《化度寺邕禅师塔铭》、《皇甫诞碑》、《虞恭公温彦博碑》等，隶书有《宗圣观记》、《房彦谦碑》等，行书墨迹有《行书千字文》、《梦奠帖》、《卜商帖》、《张翰帖》等。

此《梦奠帖》深受世人珍视，虽片羽吉光，但点划精妙。此作为欧阳询行书代表作，结体富于变化，清劲秀健，集中体现了欧体劲健险绝的特色；个别之处如"病毒"的"毒"字，"善恶报应"的"恶报"二字，尚有《兰亭》的影子；笔法转侧尽见，苍劲古茂，秃笔急书，转折自如，左右揖让，自成一家，实为稀世之珍。

鲁公三稿之首——祭侄稿

《祭侄稿》全称《祭侄季明文稿》，号称天下第二行书，系中华十大传世名帖之一。书于唐乾元元年（758年）。麻纸本，行书纵28.2厘米，横75.5厘米，23行，每行十一二字不等，共234字。钤有"赵氏子昂"、"大雅"、"鲜于"、"枢"、"鲜于枢伯几父"等印。曾经宋宣和内府、元张晏、鲜于枢、明吴廷、清徐乾学、王鸿绪、清内府等收藏，现藏台北故宫博物院，辽河碑林镌刻于古代馆内。

原文如下:维乾元元年,岁次戊戌九月庚午朔三日壬申,第十三(从父涂去)叔,银青光禄(脱大字)夫,使持节,蒲州诸军事,蒲州刺史,上轻车都尉,丹阳县开国侯真卿,以清酌庶羞祭于亡侄,赠赞善大夫季明之灵曰:惟尔挺生,夙标幼德,宗庙瑚琏,阶庭兰玉(方凭积善涂去),每慰人心。方期戬谷,何图逆贼开衅,称兵犯顺。尔父竭诚(□制涂去改被胁再涂去),常山作郡,余时受命,亦在平原。仁兄爱我(恐涂去),俾尔传言,尔既归止,爰开土门。土门既开,凶威大蹙(贼臣拥众不救涂去),贼臣不(拥涂去)救,孤城围逼,父(擒涂去)陷子死,巢倾卵覆。天不悔祸,谁为荼毒?念尔遘残,百身何赎?呜乎哀哉!吾承天泽,移牧河关(河东近涂去),泉明(尔之涂去)比者,再陷常山(提涂去)。携尔首榇,及兹同还(亦自常山涂去),抚念摧切,震悼心颜。方俟远日(涂去二字不辨),卜(再涂去一字不可辨)尔幽宅(抚涂去),魂而有知,无嗟久客。呜呼哀哉!尚飨。

译文:时在唐肃宗乾元元年(758年),农历是戊戌年九月庚午,三日壬申,(颜季明的)第十三叔、佩带银印章和青绶带的光禄大夫,加使持节、蒲州诸军事之蒲州刺史,授勋上轻车都尉和晋爵为丹阳县开国侯的颜真卿,现在以清薄的酒类和家常的食物来祭扫赞善大夫颜季明侄儿的亡灵。词曰:惟有你(季明)生下来就很出众,平素已表现出少年人少有的德行。你好像我宗庙中的重器,又好像生长于我们庭院中的香草和仙树,常使我们感到十分欣慰。正期望(季明)能够得到幸福和作个好官,谁想到逆贼(安禄山)乘机挑衅、起兵造反。你的父亲(颜杲卿)竭诚尽力,在常山担任太守。我(颜真卿)那时接受朝廷任命,也在平原都担任太守之职。仁兄(杲卿)出于对我的爱护,让你给我传话(即担任联络)。你既已回到常山,于是土门被夺回。土门打开以后,凶逆(安禄山)的威风大受挫折。贼臣(王承业)拥兵不救,致使(常山)孤城被围攻,导致父亲(颜杲卿)和儿子(颜季明以及家族人等)先后被杀。好像一个鸟巢被从树上打落.鸟卵自然也都会摔碎,那里还会有完卵存在!天啊!面对这样的惨祸,难道你不感到悔恨!是谁制造了这场灾难?念及你(季明)遭遇这样的残害(被杀后只留头部,身体遗失),就是一百个躯体哪能赎回你的真身?呜呼哀哉!我承受皇上的恩泽,派往河关(蒲州)为牧。亲人泉明，再至常山，带来盛装你首级的棺木，一同回来。抚恤、思念之情摧绝切迫，巨大的悲痛使心灵震颤，容颜变色。请等待一个长时间的日子，选择一块好的墓地。你的灵魂如果有知的话，请不要埋怨在这里长久作客。呜呼哀哉！请享用这些祭品吧！

　　颜真卿（709年～785年）字清臣，唐长安万年（今陕西西安附近）人。书法家、政治家。为琅琊氏（今山东临沂）后裔，家学渊博，六世祖颜之推是北齐著名学者，著有《颜氏家训》。曾祖父颜勤礼、祖父颜昭甫、父亲颜惟贞都是书法家。颜真卿于唐玄宗开元二十三年（735年）中进士，登甲科，任职经历玄宗、肃宗、代宗、德宗四朝，曾4次被任命为监察御史，迁殿中侍御史。因受到当时的权臣杨国忠排斥，被贬黜到平原(今属山东)任太守，人称颜平原。肃宗时至凤翔授宪部尚书，迁御史大夫。代宗时官至吏部尚书、太子太师，封鲁郡开国公，人称"颜鲁公"。建中四年(783年)遭宰相卢杞陷害，被派遣劝谕叛将李希烈，后为李缢杀。

　　颜真卿是划时代的书法大师，初学褚遂良，后师从张旭得笔法，又汲取初唐四家特点，兼收篆隶和北魏笔意，创作了颜体楷书，树立了唐代的楷书典范。他的楷书雄强庄重，结体宽博而气势恢宏，骨力遒劲而气概凛然，这种风格也与他高尚的人格契合，是书法美与人格美完美结合的典例。他与柳公权并称"颜柳"，有"颜筋柳骨"之誉。爱国诗人、书法家陆游说："学书当学颜（真卿）。"欧阳修曾说："斯人忠义出于天性，故其字画刚劲，独立不袭前迹，挺然奇伟，有似其为人。"朱长文赞其书："点如坠石，画如夏云，钩如屈金，戈如发弩，纵横有象，低昂有志，自

颜真卿祭侄文稿

颜真卿竹山堂连句

羲、献以来，未有如公者也。"颜体书对后世书法艺术的发展产生了深远影响，唐以后很多名家，都从颜真卿变法成功中汲取经验。尤其是行草，唐以后一些名家在学习二王的基础之上再学习颜真卿而建树起自己的风格。苏轼曾云："诗至于杜子美，文至于韩退之，画至于吴道子，书至于颜鲁公，而古今之变，天下之能事尽矣。"（《东坡题跋》）。

　　颜真卿原本熟谙佛、道文化，自乾元以后，与僧侣、道士的交往明显增多，并热心宗教活动，其诗文、书法创作也多与此有关，其中《抚州南城县麻姑山仙坛记》最为著名。该《记》分大、中、小字几种版本。其小楷本全记刻成石碑竖在麻姑山仙都观内，后人又在碑背镌刻了卫夫人、褚遂良、虞世南、欧阳珣、薛稷、柳公权、李邕等人的楷书。该字碑被历代书法家誉为"天下第一楷书"，成为临摹研习的范本。后几经毁失，都以其拓本翻刻传世。

　　《祭侄稿》是著名的"鲁公三稿"（另二稿《争坐位稿》，《告伯父稿》）之首。唐玄宗天宝十二年（753年），颜真卿任平原（今山东德州）太守。天宝十四年（755年），爆发安史之乱。当时河北诸郡土崩瓦解，只有颜真卿在平原郡高举义旗，起兵讨叛，颜被推为义军首领。颜真卿的从兄常山（今河北正定）太守颜杲卿派其第三子颜季明与真卿联系，联合反击叛军。颜杲卿夺回要塞土门（今河北井陉），形势有所好转。后颜杲卿派长子颜泉明押送俘虏到长安报捷并请求救兵增援。不料路经太原时，被太原节度使王承业截留。王想冒功，拥兵不救。安禄山派史思明回兵常山。颜杲卿孤军奋战，苦战三日，弹尽粮绝，城破被俘。颜杲卿、颜

153

季明等三十多人被杀。到乾元元年（758年）五月，颜杲卿被朝廷追赠太子太保，谥"忠节"。颜真卿听到这个消息以后，即派杲卿长子颜泉明到常山、洛阳寻找季明、杲卿遗骸。只得到季明头部和杲卿部分尸骨，为了暂时安葬这些尸骨，颜真卿写下了这篇祭侄文草稿。

书法创作，是以情感注入笔墨，一切基于心性的使然，作品中生动的形象和深刻的意蕴是融情入书的结果。因为此稿是颜真卿在极度悲愤的情绪下书写的，顾不得笔墨的工拙，故字随书家情绪起伏，纯是精神和平时工力的自然流露。纵观全篇，悲愤慷慨之气浮于纸端，字形时大时小，行距忽宽忽窄，用墨或燥或润，用笔或疾或滞，笔锋有藏有露，内容有涂有改，至"呜呼哀哉"，节奏达到了高潮，任意涂抹，无意于书，其苍凉悲壮，跃然纸上。这是哀愤之极的心声流露。启功先生评："真迹颜公此最奇，海隅同慰见心期。请看造极登峰处，纸上神行手不知。"

辽河碑林还镌刻了颜真卿的《竹山堂连句》、《争座位帖》、《刘中史帖》、《告伯父文稿》等。

柳书一字值千金——兰亭诗帖，送梨帖跋

柳公权（778年～865年），字诚悬，唐朝书法家，京兆华原人（今陕西耀县东南），官至太子少师，故世称"柳少师"。他二十九岁进士及第，任地方小官吏，唐穆宗即位后，偶然看到他的书法，即刻召见问之："朕尝于佛寺见卿笔迹，思之久矣。"又问他用笔之法，柳公权回答："用笔在心，心正则笔正。"穆宗听后大为惊叹，为之动容，悟其笔谏也。他的字在唐穆宗、敬宗、文宗三朝备受重视，四十岁就官居侍书（唐朝帝王非常重视书法教育，穆宗时在翰林学士院中专设翰林侍书学士作为帝王的书法教师）。他常在朝中，仕途通达。享年八十岁。他一生臣事七位皇帝，最后以太子少师职位死于任上。

柳公权的书法在唐朝当时极负盛名，民间更有"柳书一字值千金"的赞誉。他初学王羲之，后来遍观唐代名家书法，认为颜真卿、欧阳询的字最好，便吸取欧、颜之长自成一体。他的书法结体遒劲，字字严谨，一

丝不苟。在字的特色上，以瘦劲著称，追魏碑斩钉截铁之势。"书贵瘦硬方通神"，故有"颜筋柳骨"的说法。他一生以楷书和行书最为精妙。所写楷书，体势劲媚，骨力秀挺；所书行书，洒脱而有法度，故以"柳体"著称于世。

柳公权的传世作品很多，碑刻有：《神策军碑》、《玄秘塔碑》、《金刚经刻石》、《苻璘碑》、《冯宿碑》、《李晟碑》等；行草书有《伏审》、《十六日》、《辱问帖》等；另有墨迹《蒙诏帖》、《王献之送梨帖跋》、《兰亭诗帖》。文物出版社有汇编行世。

辽河碑林从文物出版社汇编中选出《兰亭诗帖》和《送梨帖跋》两种传本分别镌刻在古代馆和二门碑廊中，以供参观者赏析。

在古代馆中选刻的是《兰亭诗帖》，说起千古留名，被称为"天下第一行书"的《兰亭集序》乃家喻户晓，世代流传着许多脍炙人口的故事。相传在东晋穆帝永和九年（353年）三月三日，身为右军将军、会稽内史（掌管地方民政）的王羲之与谢安、孙绰等四十二人雅集山阴（今浙江绍兴）兰亭共修禊事。修禊是指古人在每年的三月初三，到水边沐浴、洗濯或嬉戏，以消灾除凶，祈求平安。而王羲之等达官显贵、文人墨客们自然就多了一些雅趣，他们置身于青山绿水、茂林修竹之间，列坐在曲水岸边，仰观天空之浩瀚无穷，俯瞰万物之生机盎

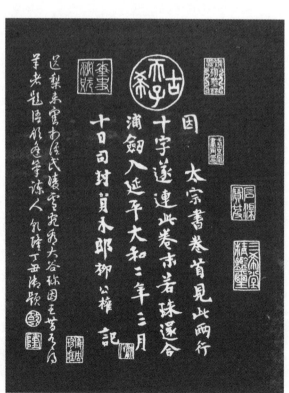

柳公权送梨帖跋

然，畅谈人生之远大抱负。曲水流觞，赋诗抒怀，感悟人与大自然交融的愉悦。其间做诗三十七首，结纂为《兰亭集》，王羲之乘兴为此集疾书序文一篇，这就是著名的《兰亭集序》，共计324字精美绝伦。只可惜被唐太宗得到后爱不忍释，临死时竟用它来殉葬，从此后世人再也见不到这件稀世珍宝了。但是在这次修禊会上留下的众人所作诗文却较少为人注意。关于兰亭集会上所有的诗文及作者名氏从《汉魏南北朝诗》等典籍中都可以查到。

现存的《兰亭诗》墨迹，绿绢卷本，行书。纵26.5厘米，横365.3厘米，卷前引首有清乾隆皇帝行书题"笔谏遗型"，有"兰亭八柱第四"题签，又有瘦金体题"唐柳公权书群贤诗"。卷中有南宋绍兴内府，元乔箐成、柯九思，明顾洪德、王世贞、董其昌，清高士奇、王鸿绪等人的题跋和乾隆、嘉庆内府等鉴藏印记。此卷曾入宣和、绍兴御府收藏，宋朝名人俱有题识，后入清宫。董其昌曾将其刻入戏鸿堂帖中，墨迹本今藏北京故宫博物院。

此卷本的书法较自然率易，个别字的用笔明显不是出自柳书。字的结体亦多不沉稳，较浮躁。与柳氏所书王献之《送梨帖》后之题跋墨迹对比，不但笔法不类，连结体也无丝毫相同之处。从诗文上看，孙绰的四言诗"怀彼伐木"误书为"怀彼代水"，"伐木"是诗经中词语。谢安四言诗中"伊昔夫子"误书为"伊昔先子"，"夫子"是指孔丘，说明书写者是一位文墨不很精通的人，诸如此类，不再赘述。总之，无论从艺术特征，还是艺术水平来分析，该卷绝非柳公权所为。但此卷也并非晚至宋代的抄本，因从所录的37首诗中可看出一些用字都没有避北宋始祖皇帝赵玄朗之讳。从书法的主体风格来推测，应是书写于唐代，并且是信笔直书，不是临仿所能得来，应为唐抄古本，亦有极高的文学和书法价值。

关于兰亭八柱，早在清代雍正初年就在北京圆明园仿浙江绍兴兰亭意境修筑了"坐石临流"的景区，为圆明园四十景之一。"兰亭"是这个景区中的一个景点。酷爱书法艺术的乾隆皇帝从内务府藏帖中尽搜历代名家的兰亭帖墨迹六帧：有唐虞世南、褚遂良、冯承素各摹的《兰亭集序》；唐柳公权书《兰亭诗》并后序；明董其昌临柳公权《兰亭诗》；戏鸿堂刻柳公权《兰亭诗》原本；加上清大学士于敏中补戏鸿堂刻柳公权

《兰亭诗》所缺部分及乾隆御临董其昌仿柳公权《兰亭诗》合为"兰亭八柱册"。于乾隆四十四年兰亭改建时，将原亭的木柱改为八根面宽半米，高约四米的方形石柱，并将所辑"兰亭八柱册"分别刻于石上"以永其传"。英法联军焚毁圆明园后，兰亭和兰亭八柱被弃于荒野，1914年民国政府将该文物运到中央公园内。新中国成立后，党和政府十分重视这些文物，与1971年在中山公园内建起了重檐八角的"兰亭"碑亭，额曰："景自天成"，并将八根石柱置于亭中。八柱虽有风化，但半数帖尚可辨读，如今成为中山公园内的重要景观之一。

关于兰亭诗卷的原文是：（笔者仅录其中10首，共赏析。[ ] 表示缺损的字；/表示原诗的一列。）

王献之四言诗并序／四言诗，王羲之为序，序行于代，［故］／不录。其诗文多，不可全载，今各裁其／佳句而题之，亦古人断章之意也。／［次］之如右。／

王羲之　自此以下十一人兼有五言。／

代谢鳞次，忽焉以周。欣此暮［春］，／和气载柔。咏彼舞雩，异代同流。／乃携齐契，散怀一丘。／

谢安

伊昔先（夫）子，有怀春游。契慈玄／执，寄散林丘。森森连岭，茫茫原／畴。迥霄乎摸，凝泉散流。

谢万

肆眺崇阿，寓目高林。青萝翳／岫，修竹冠岑。谷流清响，条鼓／鸣音。玄崿吐润，霏霞成荫。

孙绰

春咏登台，亦有临流。怀彼／代水（伐木），肃此良俦，修林荫沼。旋／濑莹丘。穿池激湍，连滥觞舟。／

徐丰之

俯挥素波，仰摄芳兰。尚想／冥客，希风永叹。

孙统

茫茫大造，万化齐轨。周悟玄同，／竞异标旨。平勃运摸，黄绮／隐机。凡我仰希，期山期水。／

王彬之

丹崖竦立，葩藻映林。绿水 [扬] ／波，载浮载沉。／

袁矫之

人亦有言，意得则欢。嘉宾既／臻，相与游盘。微音迭咏，馥焉若兰。苟齐一致，遐想揭竿。／

王凝之

庄浪濠津，巢步颖湄。寄心玄冥，千载同归。／

王肃之

在昔暇日，味存林岭。今我斯游，神／恬心静。／

王徽之

散怀山水，萧然忘羁。秀薄粲颖，疏／松笼崖。游羽扇香，鳞跃清池。肆／目寄心，欢冥二奇。／

王丰之　自此已下三人五言

肆沔岩岫，临泉濯趾。感兴鱼鸟，／安兹幽跱。／

华茂

林荣其蔚，洞激其限。沉沉轻觞，载／欣其怀。

庾友

[驰] 心城表，寥寥远迈。理感则一，冥／然玄会。

五言诗序　孙兴公

古人以水喻性，有旨哉，非以淳／之则清，诸之则浊耶。故振辔 [于] ／ [朝] 市，则充屈之心生。闲步于 [林] ／野，则辽落之意兴。仰瞻羲唐／既远矣。近咏台向，顾探增怀。／于暧昧之中，思萦拂之道。暮春 [之] 始，禊于南涧之滨，高岭千寻，／ [澄] 湖万顷，乃席芳草，镜清流卉。物观鱼鸟，具物同荣，资生／ [咸] 畅。于是和以 [醇] 醪，齐以达观，快／然兀亦。焉复觉鹏鹪二物哉！曜灵／促辔，玄景西迈，乐于时过，悲亦系／之，往复推移，新故相换，今日之迹，／明复陈亦，原诗人之致兴，良咏歌之，／有由。文多不备载，其□略如此，其诗亦裁而掇之，如四言焉。／

王羲之　自此已下一十一人兼有四言。／

仰眺望天际，俯盘绿水滨。寥朗／无崖观，寓物理自陈。大亦造化

158

／功，万殊莫不均。群籁虽参差，／适我无非新。／

谢安

相与欣嘉节，率尔同褰裳。薄云／罗阳景，微风翼轻航。淳醪陶玄／府，兀若游羲唐。万殊混一象，安／复觉彭殇。

谢万

玄冥卷阴旗，句芒舒阳旌。灵液／被九区，光风扇鲜荣。碧林辉英翠，／红葩擢新茎。朔禽抚翰游，腾鳞跃／清泠。

孙绰

流风拂枉渚，亭云荫九皋。嘤羽吟／修［竹］，游鳞戏澜涛。携笔落云藻，微／言剖［纤］毫。时珍岂不甘，忘味在／闻韶。

徐丰之

清响拟丝竹，班荆对绮疏。零觞飞曲水，欢然朱颜舒。／

孙统

地主观山水，仰寻幽人踪。回沼激中逵，／竹柏间修桐。因流转轻觞，泠风飘／落松。时禽吟长涧，万籁吹连／岑。

王彬之

鲜葩映林薄，游鳞戏清渠。临川欣投钓，得意岂在鱼。／

袁峤之

四眺华木茂，俯仰清川涣。激／泉流芳醪，豁尔累心散。仰想逸民／轨，遗音良可玩。古人／咏舞雩，今也同斯叹。／

王凝之

烟煴柔风扇，熙怡和气淳。驾言／兴时游，消遥映通津。／

王肃之

嘉会欣时游，豁朗畅心神。吟咏临曲濑，／绿波转素鳞。／

王徽之

先师有冥藏，安用羁世罗。未［若］［保］［冲］［真］，／齐契箕山河。／

郗昙 自此以下一十二人无四言

［温］风起东谷，和气振柔条。端坐兴［远］［想］，／薄言游近郊。／

虞悦

神散宇宙内，形浪濠梁津。[寄]畅须臾/欢，尚想味古人。/

孙嗣

望岩怀逸许，临流想奇庄。谁云真风/绝，千载挹余芳。/

曹茂之

将来谁不怀，寄散山水间。尚想方外宾，/超超有余闲。/

华平

□异逢人游，解结遨濠梁。猖狂任所/适，流浪无何乡。/

魏滂

三春陶和气，万象齐一欢。明后欣时和，驾/言映清澜。亹亹德音畅。翛然遗世/难，望岩愧脱屣，临川谢揭竿。/

谢怿

纵觞任所适，回波萦游鳞。千载同一朝，/沐浴陶清尘。/

庾蕴

仰想虚舟说，俯欢世上宾。朝荣虽云/乐，夕弊理自因。/

桓伟

主人[虽][无]怀，应物寄有尚。宣尼遨沂津，/翛然心神王。数子各言志，曾生发/奇唱，今我欢斯游，愠情亦暂畅。/

王玄之

松竹挺岩崖，幽涧激清流。萧散肆/情志，酣觞豁滞忧。/

王蕴

散豁情志畅，尘缨忽以捐。仰咏揖遗芳，恬神味重玄。/

王涣之

去来悠悠子，披褐良足钦。超/迹修独往，[真][契][齐][古][今]。

　　另一件镌刻在二门碑廊中的跋文原件是墨迹，纸本。纵27厘米，横13.5厘米，凡4行，计43字。释文："因太宗书卷首，见此两行十字，遂连此卷，若珠还合浦，剑入延平。大和二年三月十日司封员外郎　柳公权记。"卷上钤"式古堂书画印"、"御题翰墨林"、"石渠宝笈"、"画史秘玩"、"仪周珍藏"等鉴藏印记。可知乾隆时入清内府，后归安岐私藏。现真迹已佚，有刻本传世。

此跋署衔为"司封员外郎"，据丁居晦《重修承旨学士壁记》载，柳氏于大和二年五月二十一日自司封员外郎再入翰林院充侍书学士。由此可证，是柳公权五十一岁时所书。跋文没有碑版中字迹的拘谨，没有剑拔弩张之筋骨，没有平正均匀之苛求，用笔丰润，气势遒迈，结体宽博，神气清健。被世人誉为"神品"。

诗仙李白唯一真迹——上阳台帖

纸本，墨迹，纵28.5厘米，横38.1厘米。草书5行，共25字。真迹现藏北京故宫博物院，镌刻于辽河碑林古代馆内。

释文："山高水长，物象千万，非有老笔，清壮何穷。十八日，上阳台书。太白。"款署"太白"二字。其中"水长、物象"四字脱落，斑驳、模糊不清，无法辨认，释文根据清乾隆皇帝的跋文得来。《上阳台帖》为李白行草书自咏四言诗，也是李白唯一传世的书法真迹。

李白上阳台帖

引首清乾隆帝楷书题"青莲逸翰"四字，正文右上宋徽宗赵佶瘦金书题签"唐李太白上阳台"七字。后纸有宋徽宗赵佶，元张晏、杜本、欧阳玄、王余庆、危素、骑鲁，清乾隆皇帝题跋和观款。卷前后钤有宋赵孟坚"子固"、"彝斋"、贾似道"秋壑图书"，元"张晏私印"、"欧阳玄印"以及明项元汴，清梁清标、安岐、清内府，近代张伯驹等鉴藏印。

李白（701年~762年）祖籍陇西成纪人（现甘肃省秦安县陇城），生于四川绵州昌隆县（今四川省江油市）青莲乡。（一说是中亚西域的碎叶城（今吉尔吉斯斯坦的托克马克市）所生，4岁再迁回四川绵州昌隆县）。号"青莲居士"，又号"谪仙人"。一生始终不渝地追求实现济苍生、安社稷的理想。"天生我材必有用，千金散尽还复来。"唐代最伟大的浪漫主义诗人，被后人尊称为"诗仙"，其诗大多为描写山水和抒发内心的情感为主。他与杜甫并称为"李杜"。"李杜文章在，光焰万丈长"（韩愈）。李白二十岁时就开始了广泛游历。"此地一为别，孤蓬万里征"。南到洞庭湘江，东至吴、越，寓居在安陆（今湖北省安陆市）、应山（今湖北省广水市）。他到处游历，希望结交朋友，拜谒社会名流，从而得到引荐，一举登上高位，去实现政治理想和抱负。著名诗句"大鹏一日同风起，扶摇直上九万里。假令风歇时下来，犹能簸却沧溟水"即是他内心写照。可是，十年漫游，却一事无成。"众鸟高飞尽，孤云独去闲"。他毫不气馁，"长风破浪会有时，直挂云帆济沧海"。又继续北上太原、长安（今陕西省西安市），东到齐、鲁各地，并寓居山东任城（今山东省济宁市）。这时他已结交了不少名流，创作了大量优秀诗篇。李白不愿应试做官，希望依靠自身才华，通过他人举荐走向仕途，但一直未得人赏识。他曾给当朝名士韩朝宗写过一篇《与韩荆州书》，以此自荐，但未得回复。直到天宝元年（742年），李白被玄宗召至长安，"仰天大笑出门去，我辈岂是蓬蒿人"。供奉翰林，文章风采，名震天下。李白初因才气为玄宗所赏识，后因不能见容于权贵，在京仅三年，就弃官而去，仍然继续他那飘荡四方的流浪生活。"安能摧眉折腰事权贵，使我不得开心颜"。安史之乱发生的第二年（756年），他感愤时艰，参加了永王李璘的幕府。不幸，永王与肃宗发生了争夺帝位的斗争，兵败之后，李白受牵累，流放夜郎（今贵州境内），途中遇赦。晚年漂泊东南一带，依靠叔父——当涂县令李阳冰，不久即病卒。

李白的诗，耳熟能详，李白的酒，无人不晓。"李白斗酒诗百篇，长安市上酒家眠，天子呼来不上船，自称臣是酒中仙"。然而，了解李白书法者甚少。李白官至供奉翰林，师张旭草书，书名为诗名所掩。他的书法被历代鉴赏家所赞赏。宋代大书法家黄庭坚评说："观其稿书，大类其诗，弥使人远想慨然。白在开元、至德间，不以能书传，今其行、草殊不减古人，盖所谓不烦绳削而自合者欤。"元代郑杓曾评论过唐代书法，并将李白与其他名家并列比较，说："欧、虞、褚深得书理，信本伤于劲利，伯施过于纯熟，登善少开阖之势……太白得无法之法，子美以意行之（见《衍极》卷下之《古学篇》）。"李白书不遵法度，并未像天下士子那样追随二王，他不拘章法，但神态放逸，飞舞自得，而能得书法之神妙。《宣和书谱》载："白尝作行书，字画尤飘逸。"

《上阳台帖》流传有序，先入宋宣和内府，后归贾似道，元代经张晏处，明朝由项元汴藏于"天籁阁"，清代先为安岐所得，再入清内府，清末流出宫外。民国时被大收藏家张伯驹购得。1949年建国后，张伯驹以满腔的热情，迎来新中国的诞生。对毛泽东主席的崇敬之情，溢于言表。张伯驹在向国家捐献《游春图》、《平复帖》等八件珍品的同时，还将这件《上阳台帖》赠送给毛主席。张伯驹在交中央统战部部长徐冰转呈毛泽东的信中，特别写明其中李白《上阳台帖》是赠送给毛泽东主席个人的。书信内容大意：现将李白仅存于世的书法墨迹《上阳台帖》呈献毛主

李白上阳台帖跋

席，仅供观赏……毛主席喜欢书法，收到此帖也十分珍爱，为了感谢张伯驹先生，毛主席亲嘱中共中央办公厅代写感谢信一封给张伯驹，并附寄一万元人民币。之后，时时观赏、研习。1958年，毛主席提出"党和国家领导人接收的礼品，一律交公"的规定，同年毛主席把李白《上阳台帖》送交给了北京故宫博物院。

李白留有诗歌九百多首，豪迈奔放，别具一格。有批判朝政弊端，感慨雄心壮志的，如组诗《古风》等；有抒发怀才不遇之悲愤的，如乐府《行路难》、《梁甫吟》、《将进酒》等；有以充满想象的神奇之笔描绘祖国的壮丽山河的，如《秋登宣城谢朓北楼》、《望庐山瀑布》、《梦游天姥吟留别》等。然传世法书真迹只有《上阳台帖》一件。抚摩观之，诗如其人，书亦如其人也。

宋徽宗赵佶帖后跋文曰："太白尝作行书，乘兴踏月，西入酒家，可觉人物两望，身在世外一帖，字画飘逸，豪气雄健，乃知白不特以诗鸣（通名）也。"

元张晏题跋曰："嫡仙书传世绝少，尝云：欧、虞、褚、陆真书奴耳。自以流出于胸中，非若他人积习可到。观其飘飘然有凌云之态，高出尘寰得物外之妙。尝遍观晋唐法帖，而忽展此书，不觉令人清爽。"

元欧阳玄跋诗云："唐家公子锦袍倦，文采风流六百年。不见屋梁明月色，空余翰墨化云烟。"

《上阳台帖》苍劲雄浑而又气势飘逸，用笔纵放自如，快健流畅，法度不拘一格，一如李白豪放、俊逸的诗风。李白书作传世极少，目前仅见此一件，所以"上阳台帖"弥足珍贵，堪称"国宝"。

狂草法书珍品——古诗四帖

《古诗四帖》，墨迹本，五色笺，狂草书，纵28.8厘米，横192.3厘米。共40行，凡188字。无款，传唐张旭书，有争议。现藏辽宁省博物馆，镌刻于辽河碑林古代馆内。

此帖最早由《宣和书谱》误作著录为《谢灵运古诗帖》，明代书画家董其昌考证，认为是张旭所书。明代以来，对于此帖作者众说纷纭。著名国学大师、文物鉴定家、古典文献学家启功先生认为是宋人的狂草："按其中庚句'北阙临玄水，南宫生绛云'，玄水书作丹水。北水南火，水黑火红，此五行说，久成常识矣。而改玄为丹，其故何在？按宋真宗自称梦其祖名玄朗，遂令天下讳此两字。此卷狂草，盖大中祥符以后之笔耳。"（见启功论文《旧题张旭草书古诗帖辨》）当代著名文物鉴定家、书画鉴赏家谢稚柳、杨仁恺两位先生考证后，认为是张旭真迹（杨仁恺《关于古诗四帖的初步探索》发表于《书法》创刊号，有详细论述）。《石渠宝笈》初编著录。明代《戏鸿堂法帖》曾摹刻。

释文：东明九芝盖，北烛五云车。飘飘入倒景，出没上烟霞。春泉下玉霤，青鸟向金华。汉帝看桃核，齐侯问棘（枣）花。应逐上元酒，同来访蔡家。

北阙临丹（玄）水，南宫生绛云。龙泥印玉简（策），大火练真文。上元风雨散，中天哥（歌）吹分。虚（灵）驾千寻上，空香万里闻。

谢灵运王子晋赞：淑质非不丽，难之以万年。储宫非不贵，岂若上登天。王子复清旷，区中实哗嚣。喧既见浮丘公，与尔共纷繙（翻）。

岩下一老公四五少年赞：衡山采药人，路迷粮亦绝。过息岩下坐，正见相对说。一老四五少，仙隐不别可（不可别）。其书非世教，其人必贤哲。

张旭，字伯高，一字季明，吴郡（江苏苏州）人。生卒年不详，主

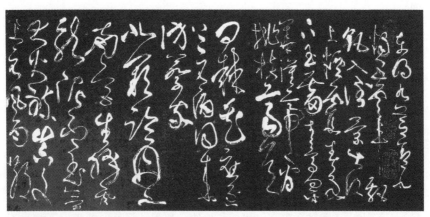

张旭古诗四帖（局部）

要活动于唐玄宗开元至天宝年间。著名学者闻一多先生考证张旭生于658年，卒于747年（见闻一多著作《张旭年考》）。初仕为常熟尉，后官至金吾长史，人称"张长史"。其母陆氏为初唐书家陆柬之的侄女，即虞世南的外孙女。

张旭生活在唐代经济、政治、军事、文化发展的鼎盛时期，书法艺术在当时也呈现百花齐放的态势。张旭继王献之的今草之后，将草书的变化表现到极限，发展成为狂草。笔法态势更为放纵、字形变化更加莫测、笔势连绵不绝，内心的狂野、个性的张扬尽显于笔端。张旭是狂草书体的主要奠基人，被后人誉为"草圣"，他在中国书法史上有着不可替代的地位。唐文宗李昂曾下诏，把李白的诗歌、裴旻的剑舞和张旭的狂草定为"三绝"。

张旭为人洒脱不羁，豁达大度，卓尔不群，才华横溢。他与李白、贺知章相处甚好。杜甫诗"饮中八仙"中写，"张旭三杯草圣传，脱帽露顶王公前，挥毫落纸如云烟"。他是一位极有个性的草书大家，因他常喝得大醉，醉后语颠，行为奇特，不拘常理，故又有"张颠"的雅称。《新唐书·文艺传》记载："嗜酒，每大醉，呼叫狂走，乃下笔，或以头濡墨而书。"后怀素继承和发展了其笔法，也以草书得名，并称"颠张醉素"。诗人李颀《赠张旭》中写道："张公性嗜酒，豁达无所营。皓首穷草隶，时称太湖精。露顶踞胡床，长叫三五声。兴来洒素壁，挥笔如流星。"著名边塞诗人高适在《醉后赠张旭》中写道："兴来书自圣，醉后语尤颠。"

张旭的书法，始化于张芝、二王一路，以草书成就最高。他自己以继承"二王"传统为自豪，字字有法。又始法张芝章草之艺，发展献之今草，创造出酣畅淋漓，变幻莫测的狂草。相传他见公主与担夫争道，又闻鼓吹而得笔法之意趣；在河南邺县时，看公孙大娘舞西河剑器，因此而得草书之神髓。颜真卿曾两次向他请教笔法。万物各有一理，万理同出一源。张旭能够从生活中汲取合理、美好的事物，横向丰富自己的艺术构思。他遵循"物象—情感—创作"的艺术创作规律，善于从生活中提取"物象"，经过提炼，发于笔端。正如唐韩愈《送高闲上人序》中赞之："往时张旭善草书，不治他技。喜怒、窘穷、忧悲、愉快、怨恨、思慕、酣醉、无聊、不

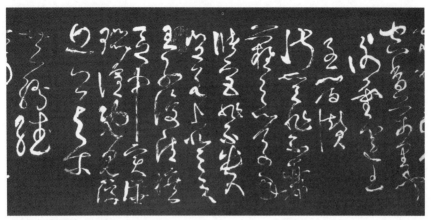

张旭古诗四帖（局部）

平，有动于心，必于草书焉发之。观于物，见山水崖谷、鸟兽虫鱼、草木
之花实、日月列星、风雨水火、雷霆霹雳、歌舞战斗、天地事物之变，可
喜可愕，一寓于书，故旭之书，变动犹鬼神，不可端倪，以此终其身而名
后世。"后人论及唐人书法，对欧、虞、褚、陆等均有褒贬，唯对张旭赞
叹不已，这是艺术史上少有的。

　　张旭的草书以雄浑奔放的气概、纵横捭阖的笔姿和恣肆浪漫的势态
而为世人看重。唐人吕总《续书评》云："张旭草书，立性颠逸，超绝古
今。"宋苏轼《东坡题跋》载："长史草书，颓然天放，略有点画处，而
意态自足，号为神逸。"宋米芾《海岳书评》说："张旭如神纠腾霄，夏
云出岫，逸势奇状，莫可穷测。"明项穆《书法雅言》："其真书绝有绳
墨，草字奇幻百出不逾规矩，乃伯英之亚，怀素岂能及哉。"如此等等，
不一而足。

　　《古诗四帖》初经宋内府收藏，后被贾似道窃据，继而转入赵与懃
手中。明朝由华夏所有，后有项元汴收藏。清代先归宋荦，最后进清乾隆
内府收藏。1924年由溥仪带出紫禁城，1925年存放于天津英租界戈登路的
一栋楼房内。1932年，溥仪在长春伪宫坐稳之后，将其运至长春伪宫东院
图书楼（俗称小白楼）。1945年8月溥仪企图逃往日本，途经沈阳时被解
放军和苏军俘虏，被押送抚顺战犯监狱，其所有藏品均被缴获。《古诗四
帖》也由东北人民银行代为保管。1949年调拨给东北博物馆（今辽宁省博
物馆）收藏。

《古诗四帖》通篇布局大开大合，大收大放，在强烈的跌宕起伏中，突显了恣肆雄伟的势态。其笔意如骏马奔驰，倏忽千里；体势似云烟缭绕，变换多端；时而若狂风大作，万马奔腾；时而似低吟浅唱，曲水流觞。线条如屈铁处张力十足，用笔似划沙时凝炼浑厚。搁置真伪争论不辨，此帖实为狂草法书珍品。